Schweizer CHARTA für Psychotherapie
Fortbildungsausschuss (Hg.)
Mann oder Frau?
Wie bestimmend ist das Geschlecht
in der psychotherapeutischen Interaktion?

Schweizer CHARTA für Psychotherapie
Fortbildungsausschuss (Hg.)

Mann oder Frau?

Wie bestimmend ist das Geschlecht
in der psychotherapeutischen Interaktion?

edition diskord

Gedruckt mit freundlicher Unterstützung von Migros-Kulturprozent

Die Deutsche Bibliothek – CIP-Einheitsaufnahme

Ein Titeldatensatz für diese Publikation ist bei
Der Deutschen Bibliothek erhältlich

Abbildungen: Claudia Ginocchio

Herausgeber:
Schweizer CHARTA für Psychotherapie
Engelgasse 5
CH-9000 St. Gallen
Tel.: 0041 71 340 09 02
charta@psychotherapie.ch

© 2002 edition diskord, Tübingen
Satz: psb, Berlin
Druck: Fuldaer Verlagsagentur
Gedruckt auf alterungsbeständigem Papier
(holzfrei, chlor- und säurefrei)
ISBN 3-89295-721-5

Inhalt

Erika Schmid-Hauser
Vorwort — 7

Markus Fischer
Das Geschlechtervorurteil: Geheimes Thema
in Partnerschaft und therapeutischen Beziehungen — 13
Christiane Geiser
Replik zum Referat von Markus Fischer — 33

Katrin Wiederkehr
Geschlechtsspezifischer Umgang mit Macht
in der Psychotherapie — 41
Brigitte Spillmann-Jenny
Replik zum Referat von Katrin Wiederkehr — 53

Maria Teresa Diez Grieser
Die Bedeutung des Geschlechts des Therapeuten
in Kinder- und Jugendlichenpsychotherapien — 59
Nitza Katz-Bernstein
Replik zum Referat von Maria Teresa Diez Grieser — 67

Gerd Rudolf
Gibt es nachweisbare Einflüsse der Geschlechtszugehörigkeit
in der Psychotherapie? — 75

Dieter Bürgin
Übertragung und Geschlechtsspezifität im
psychotherapeutischen Prozess mit Kindern
und Jugendlichen — 97

Tagungsprogramm — 120

Autorinnen und Autoren — 123

Vorwort

Mit diesem Buch eröffnet die »Schweizer Charta für Psychotherapie« in Zusammenarbeit mit dem Verlag edition diskord eine neue Publikationsreihe. Am 1. September 2001 lud der Fortbildungsausschuss der »Charta« in Zürich zur ersten Tagung ein zum Thema: »Mann oder Frau? Wie bestimmend ist das Geschlecht in der psychotherapeutischen Interaktion?« Die nun vorliegende Publikation möchte die Referate und Repliken der Tagung einer breiteren Öffentlichkeit zugänglich machen.

Da dem Verein »Schweizer Charta für Psychotherapie« über 30 psychotherapeutische Ausbildungsinstitutionen, Fach- und Berufsverbände angeschlossen sind, konnte das Thema schulenübergreifend diskutiert werden.

Das Geschlecht ist ein wesentlich mitbestimmender Faktor unseres Zusammenlebens in Familie, Beruf, Schule und Gesellschaft. Dies spiegelt sich im psychotherapeutischen Prozess mit Kindern, Jugendlichen und Erwachsenen wider.

Die Vorgeschichte einer Therapie ist geprägt von vielen Fragen. Wähle ich für mich oder für mein Kind einen Therapeuten oder eine Therapeutin? Ängste und Hoffnungen auf Grund von Vorerfahrungen mit weiblichen und männlichen Bezugspersonen prägen, neben andern Faktoren, den Prozess der Wahl auf Seiten der Klientel. Indikationen und Überweisungen sind geprägt von Erfahrungen und Hypothesen bezüglich der Wirksamkeit des Geschlechts auf Seiten der Fachpersonen.

In der Geschichte der Psychotherapie zeichnet sich ein Wandel dahingehend ab, dass den geschlechtsspezifischen Fragen zunehmend grössere Bedeutung beigemessen wird. Die feministische Bewegung schärfte die diesbezügliche Aufmerksamkeit mit ihrer Hinterfragung der vorwiegend von männlichen Exponenten der Wissenschaft formulierten Theorien.

Die Wirksamkeit der Persönlichkeit und der eigenen Beziehungserfahrungen der Therapeutin / des Therapeuten ist – darauf wies auch Herr Prof. G. Rudolf in seinem Beitrag zur Tagung hin – schwirig zu erforschen. Deshalb ist diese Frage noch unzureichend untersucht.

Ein Grundanliegen der »Charta« ist unter anderem die Reflexion und Vernetzung des Wissens der einzelnen Psychotherapieschulen. Dem Team des Fortbildungsausschusses ist es ein Anliegen, den oft vernachlässigten Dialog zwischen ForscherInnen und PraktikerInnen der verschiedenen psychotherapeutischen Schulen zu fördern, deshalb liess es zu diesem Thema (Mann oder Frau) Vertreter und Vertreterinnen beider Bereiche zu Worte kommen.

Um möglichst unterschiedliche Aspekte des Themas aus dem Blickwinkel der verschiedenen Theorien aufzugreifen, konnten wir den Rednern und Rednerinnen nur wenig Raum zugestehen. Sie mussten sich auf ihnen wichtige Aspekte beschränken und konnten das von ihnen gewählte Thema in den 20 Minuten, die ihnen zur Verfügung standen, nur beschränkt darlegen. Die Rednerinnen, die sich für die Repliken zur Verfügung stellten, ergänzten während 10 Minuten die Input-Referate kritisch und eröffneten dadurch die Diskussion. Für die Forschungsberichte standen 30 Minuten zur Verfügung.

Markus Fischer (Körpertherapeut, IBP) stellte eine Systematisierung der Geschlechtervorurteile vor. (Referat) Gemäss seiner Beurteilung gehört das Geschlechtervorurteil zu der Kategorie der transgenerational übertragenen, geheimen (unbewussten) Themen. Er untersuchte die Wirkung des Geschlechtervorurteils in Partnerschaft und in therapeutischen Beziehungen. Seine Ausführungen schloss er mit Hinweisen zum therapeutischen Umgang mit diesem Thema und der Forderung an die Psychotherapeuten und Psychotherapeutinnen, ihre Geschlechtervorurteile zu reflektieren und zu bearbeiten im Interesse der von ihnen durchgeführten Therapien.

Christiane Geiser (Körpertherapeutin, GFK) eröffnete ihre Replik mit der Feststellung, dass es eine vorurteilslose Erkenntnis nicht gäbe. Im Weiteren verwies sie darauf, dass Vorurteile von

Eltern nicht direkt an die Kinder weitergegeben werden können, da diese über individuelle Verarbeitungs- und Generierungsmöglichkeiten verfügen. Der soziokulturelle Kontext sei nicht zu vernachlässigen.

Katrin Wiederkehr (Gesprächstherapeutin, SGGT) analysierte in ihrem Referat die verschiedenen Formen von Macht und verwies auf die Machtzuschreibungen in unserer Gesellschaft. Die Machtattributierungen, folgerte sie, sind so selbstverständlich, dass sie immer wieder der bewussten Wahrnehmung entgehen. Im Weiteren äusserte sie sich zur Frage des geschlechtsspezifischen Umgangs mit Macht und verwies auf die verschiedenen Gefahren des Machtmissbrauchs in der Psychotherapie.

Brigitte Spillmann-Jenny (Analytische Psychotherapeutin) erweiterte, dass in der Therapie vor allem zu Beginn des Prozesses ein Machtgefälle besteht. (Replik) Dieser Aspekt gehört zu asymmetrischen Beziehungen. Sie wies darauf hin, dass Macht und Ohnmacht von beiden am Prozess Beteiligten erlebt werden. Die Psychotherapeuten und Psychotherapeutinnen sind verpflichtet, mit der ihnen anvertrauten Macht sorgfältig umzugehen im Sinne des therapeutischen Prozesses.

Maria Teresa Diez (Psychoanalytikerin, PSZ) eröffnete ihre Ausführungen (Referat) mit der Feststellung, dass ihr als Therapeutin, wie häufig in der Literatur beschrieben, weniger männliche als weibliche Kinder und Jugendliche überwiesen werden. Im Weiteren reflektierte sie die Hintergründe, Chancen und Gefahren von bevorzugten und weniger gesuchten »Paarungen«, je nach Geschlechtszugehörigkeit der Beteiligten im therapeutischen Prozess. Sie beendete ihr Referat mit der Schlussfolgerung: Das Geschlecht der Therapeutin / des Therapeuten spielt eine Rolle und gleichzeitig doch nicht.

Nitza Katz-Bernstein (Gestalttherapeutin, FPI) ergänzte die entwicklungspsychologischen Ausführungen (Replik) ihrer Vorrednerin. Sie machte darauf aufmerksam, dass in Kindertherapien oft gelernt werden muss, Entbehrungen zu akzeptieren, und dass Verheissungen des Nachholens von Entwicklungsdefiziten nicht geschürt werden dürfen. In der vorgestellten Fallvignette illustrierte sie, wie ein Knabe im symbolischen Spiel und unterstützt durch die Interaktionen seines Therapeuten Grenzsetzungen internalisieren und seine inneren Mutterbilder modifizieren konnte.

Gerd Rudolf (Psychoanalytiker, DPG/DGPT) präsentierte die Resultate der Genderforschung und deren Einfluss auf Therapieerwartung, Diagnose, Interaktionen in der therapeutischen Beziehung sowie auf Verlauf und Resultat der Therapien. Die aufgezeigten Fakten belegen, dass Therapeutinnen und Therapeuten ihre Patienten und Patientinnen bezüglich diagnostiziertem Erkrankungsgrad und vorhandenen Ressourcen zum Teil sehr unterschiedlich beurteilen.

Verschieden sind auch die Therapieerfolge in einzelnen Bereichen, in denen eine Therapie beurteilt werden kann. Zusammenfassend kam er jedoch in seiner Analyse der Forschungsresultate zum Schluss, dass in Therapien – durchgeführt von Männern oder Frauen – mit je männlichen oder weiblichen Patienten die Interaktionen unterschiedlich verlaufen, für den Erfolg jedoch geschlechtsunabhängige Parameter vorrangig sind, wie zum Beispiel die Verlässlichkeit in der Beziehung.

Dieter Bürgin (Psychoanalytiker, SGPsa.) legte in seinen Ausführungen dar, dass Säuglinge von Anfang an zu triadischen und polyadischen Beziehungen befähigt sind und im Laufe der Entwicklung beide Geschlechter kulturspezifisch »gegenderd« werden. Dies spiegelt sich in den geschlechtsspezifischen Übertragungen und Gegenübertragungen wider. In den 30 Minuten gelang es ihm, die Schwerpunkte der genderspezifischen Entwicklung aufzuzeigen. Er schloss mit der Feststellung, dass Klarheit einerseits und Elastizität sowie Flexibilität in der eigenen Geschlechtsidentität andrerseits die therapeutischen Entwicklungen im psychoanalytisch-therapeutischen Prozess ermöglichen. In diesem Prozess wird schlussendlich auch erkennbar, welche personenspezifischen Bereiche der Übertragungsbewegungen seiner PatientInnen von den kultur- und geschlechtsspezifischen Übertragungsanteilen verdeckt sind.

Den Referaten der Forscher (Rudolf/Bürgin) wurden keine Repliken gegenübergestellt. Ihnen folgte direkt die Plenumsdiskussion. Die Heterogenität der Beiträge verweist auf eindrückliche Art und Weise auf die Komplexität der Gender-Thematik.

Erika Schmid-Hauser

Zur Sprachregelung: Um sowohl dem männlichen wie dem weiblichen Geschlecht gerecht zu werden, werden in den folgenden Referaten männliche und weibliche Form wechselweise verwendet und schliessen, wo nicht ausdrücklich anders vermerkt, immer die andersgeschlechtliche Seite mit ein.

Danksagung

Wir möchten uns bei allen Referentinnen und Referenten ganz herzlich bedanken, dass sie uns ihre Referate/Repliken für diese Publikation zur Verfügung gestellt haben.

Ein besonderer Dank geht an Frau Claudia Ginocchio. Sie überliess uns ihre aussagekräftigen Darstellungen der verschiedenen genderspezifischen Inszenierungen in Psychotherapien zur Gestaltung der Vorderseite unseres Buches.

Herrn Gerd Kimmerle vom Verlag edition diskord danken wir für die spontane Zusage, die Tagungsbeiträge zu publizieren, und für die angenehme Zusammenarbeit.

Morena Walzer übernahm die Zusammenarbeit mit den ReferentInnen und dem Verlag. Bei ihrer redaktionellen Arbeit wurde sie von Silvia Berger kompetent unterstützt.

Markus Fischer

Das Geschlechtervorurteil: Geheimes Thema in Partnerschaft und therapeutischen Beziehungen

Begriffsdefinition Geschlechtervorurteile (Gender-Prejudice)

Ein Vorurteil bezeichnet eine Voreingenommenheit, eine Meinung, die pauschalisierend, undifferenziert, starr, nicht hinterfragbar und nur sehr schwer revidierbar ist. Ein Vorurteil setzt sich uns wie eine Brille vor die Augen – eine Brille allerdings, die unsere Wahrnehmung nicht verdeutlicht und schärft, sondern eine Brille, die einen bestimmten Filter vorgesetzt hat, der unsere Wahrnehmung einschränkt und verzerrt. Damit sehen wir an unserem Gegenüber bevorzugt die Züge, die zu unserem Vorurteil passen. Andere Eigenschaften, selbst wenn sie eigentlich erwünscht sind, werden leicht übersehen oder abgewertet. Vorurteile sind den Trägern oft völlig unbewusst. Es ist schwierig, sie zu erkennen, weil sie seit unserer frühen Kindheit in uns wirksam sind und uns damit so vertraut sind, dass sie nicht in Frage gestellt werden. Im Falle des Geschlechtervorurteils handelt es sich um eine Voreingenommenheit gegenüber einem oder auch beiden Geschlechtern, aus Ansichten wie Männer/Frauen generell seien oder nicht seien, sich verhalten oder sich nicht verhalten.

Im Folgenden verwenden wir der Einfachheit halber oft den Singular (das Geschlechtervorurteil) und verstehen darunter den gesamten Komplex, bestehend aus zum Thema gehörenden Körperempfindungen, Emotionen, Kognitionen und Verhaltensmustern.

Vorkommen von Geschlechtervorurteilen

Geschlechtervorurteile sind verbreitet, womöglich die verbreitetsten Vorurteile überhaupt. Sie haben über Jahrhunderte die gängigen Meinungen über Männer und Frauen bestimmt und sind weiterhin breit verankert in der Bevölkerung. Die Geschlechteremanzipationsbewegungen haben dazu geführt, dass das Bestehen von Vorurteilen gegen das je andere Geschlecht eine gewisse Anerkennung gefunden hat. Noch kaum gesprochen wird über Vorurteile gegen das eigene Geschlecht, die genauso verbreitet sind. Wir werden auf sie und ihre ausgesprochen destruktive Wirkung auf den Träger zu sprechen kommen. Selbstverständlich sind die Geschlechtervorurteile gegen Männer und Frauen oft eng miteinander verbunden. Somit finden wir in der Regel Vorurteile gegen beide Geschlechter, allerdings oft deutlich unterschiedlich stark ausgeprägt.

Erscheinungsbild von Geschlechtervorurteilen

Typischerweise treten Geschlechtervorurteile reflexartig und völlig unbewusst in Erscheinung, was es schwierig macht, sie zu erkennen. In der Integrativen Körperpsychotherapie IBP verwenden wir spezielle Übungen, um Geschlechtervorurteile bewusst werden zu lassen. Wir kommen im Abschnitt Diagnose auf diese Übungen zu sprechen.

Kennzeichnend für Geschlechtervorurteile sind stereotype Reaktionen in Form von Körperempfindungen, Gefühlen, Gedanken und Handlungen, die auftreten, bevor man überhaupt eine Chance hatte, die Person wirklich kennen zu lernen. Man reagiert ganz offensichtlich auf das Geschlecht der Person und nicht darauf, was für ein Mensch die Person wirklich ist.

Worin bestehen diese stereotypen Reaktionen? Zum Geschlechtervorurteil passende stereotype Körperempfindungen sind Ausdruck vegetativer Aktivierung wie Herzklopfen, Atemnot, motorische Unruhe, Zittern, Schwitzen, Anspannung, Alarmgefühl. Daneben kommen auch Übelkeit, Schwindel, Verminderung bis Verlust der Körperempfindung etc. vor.

Die mit einem Geschlechtervorurteil verbundenen Gefühlsreaktionen zeigen sich beispielsweise in allgemeinem Unbehagen, Misstrauen, Abneigung bis Ekel, Bedrohungsgefühl, Angst, Gereiztheit,

Ärger, Zorn, Desinteresse bis Ignoranz dem einen oder anderen Geschlecht gegenüber.

Bei den zum Geschlechtervorurteil passenden Denkmustern handelt es sich um Abwertungen, indem Personen eines Geschlechts in der einen oder anderen Weise als zu viel (kontrollierend, manipulierend etc.) oder als zu wenig (dumm, oberflächlich, unsensibel etc.) bewertet werden. Ansichten, die zum Geschlechtervorurteil gegenüber Frauen gehören, lauten also beispielsweise: Frauen sind weniger intelligent, argumentieren irrational, sind überschwemmt von ihren Gefühlen, empfinden sich als Opfer, sind nicht solidarisch mit anderen Frauen, missbrauchen ihr Einfühlungsvermögen zu Machtzwecken, sind einengend und kontrollierend, manipulieren aus dem Hintergrund, nützen andere (Männer oder Frauen) aus, sind schwach und abhängig, verstehen Männer nicht, müssen den Männern sexuell zur Verfügung stehen, werden ausgenützt. Das Vorurteil gegenüber Männern führt zu Meinungen wie: Männern ist nicht zu trauen, sie sind unzuverlässig, roh und gewalttätig, einzig zum Babymachen und Geldverdienen zu gebrauchen, nur an Karriere und Macht interessiert, im Dauerwettkampf mit anderen (Männern oder Frauen), oberflächlich, zeigen keine Gefühle, wollen nur das eine, sind sexsüchtig und orgasmuszentriert, unsensibel, untreu, im Innersten unsicher und abhängig, stehen nicht zu ihren Verpflichtungen.

Auf der Handlungsebene führt das Geschlechtervorurteil dazu, Angehörigen eines Geschlechts nicht wirklich zuzuhören. Wer beispielsweise ein Vorurteil gegen Frauen hat – sei das nun ein Mann oder eine Frau –, dem/der wird es schwer fallen, Informationen von Frauen aufzunehmen, Frauen wirklich zuzuhören und ernst zu nehmen. Die Reaktion wird viel eher sein, das Gehörte rasch abzuwerten oder allenfalls schlicht zu ignorieren. Kaum beginnt eine Frau zu sprechen, startet das innere Abwerten, die Aufmerksamkeit geht woandershin. Man meint zu wissen, was die Frau sagen wird und dass es nicht fundiert, logisch sein wird. Allenfalls wird dieselbe Aussage, von einem Mann gemacht, plötzlich gehört und ernst genommen. Es ist interessant, in einer Gesprächsrunde darauf zu achten, ob einander wirklich zugehört wird, wer wen anspricht oder ausklammert, wessen Äusserungen von wem aufgenommen werden und von wem übergangen. Oft entlarvt sich ein Geschlechtervorurteil dadurch, dass jemand konsequent nur zu den Männern oder nur zu den Frauen spricht oder einem Geschlecht gewohnheitsmässig widerspricht.

Wer einen Freundeskreis hat, der fast nur aus Männern oder Frauen besteht, wer sich mit einem Geschlecht generell unwohl fühlt, diesem Geschlecht grundsätzlich misstraut, hat mit praktischer Sicherheit ein Geschlechtervorurteil. Eine weitere Konsequenz eines unbewussten Geschlechtervorurteils kann darin bestehen, dass man das Vorurteil nach aussen projiziert. Anstatt anzuerkennen, dass man ein Vorurteil in sich trägt, sieht man es von aussen auf sich zukommen und gerät in Versuchung, es im Aussen zu bekämpfen, indem man sich für die Rechte von Frauen/Männern in Schulen, an der Arbeit etc. einsetzt. Dieser Kampf ist oft durchaus berechtigt und sinnvoll. Nur wird er das innere Problem, das Vorurteil, nicht auflösen. Ausserdem wird der Kampf für die Rechte der Geschlechter, der auf einem eigenen Vorurteil basiert, oft aus einem Opfergefühl heraus in einer verbissenen und harten Weise geführt. Man kämpft dann weniger für die Anerkennung des eigenen Geschlechts als gegen das andere Geschlecht. Das löst beim Publikum meist viel Widerstand und Widerspruch aus, was der Sache nicht dient.

Sehr oft wird versucht, dem Geschlechtervorurteil zu entgehen, indem man sich anstrengt, nicht zu sein wie alle anderen Männer/Frauen und sich bemüht, eine andere, bessere Sorte Mann/Frau zu sein.

Entstehung von Geschlechtervorurteilen

Unsere Beobachtungen weisen darauf hin, dass der Ursprung des Geschlechtervorurteils in der Regel nicht in der persönlichen Lebenserfahrung liegt. Vielmehr wird es über die primären Versorgungspersonen von einer Generation auf die nächste übertragen, quasi als Teil des Erbes, das wir mitbekommen. Alle Eltern haben ein bestimmtes Bild von Männern/Frauen und können gar nicht anders, als ihren Kindern dieses Bild vorzuleben und damit weiterzugeben. Dies passiert einerseits über direkte sprachliche Äusserungen und Handlungen der Eltern. Allerdings fast noch wichtiger scheinen uns nonverbale geschlechterbezogene Botschaften. In Form von Gefühlen und Haltungen wird dem kleinen Kind vermittelt, dass Männer/Frauen nicht in Ordnung seien. Selbst wenn Eltern sich ihrer Geschlechtervorurteile bewusst sind und es unterlassen, sie verbal weiterzugeben, kann es doch sein, dass ihr Körper nach wie vor eine andere Botschaft vermittelt. Diese somatisch-energetische Botschaft ist diejenige, die beim Kind wirkt.

Zur Verdeutlichung dieser Hypothese hier zwei kurze Beispiele aus unserer Praxis: Wenn eine Mutter jedes Mal leicht zusammenzuckt, ihr Kind ängstlich an die Hand nimmt und ihre Schritte beschleunigt, wenn ihr auf der Strasse ein Mann entgegenkommt, wird ihr Kind lernen – egal ob Mädchen oder Knabe –, dass Männer offenbar generell gefährlich sind, selbst wenn sie eine aufgeklärte Frau ist und weiss, dass das nicht stimmt und das womöglich verbal sogar so ausdrückt. Oder: Wenn ein Vater regelmässig demonstrativ mit Fingertrommeln und Augenverdrehen genervte Langeweile signalisiert, sobald eine Frau zu reden beginnt, vermittelt er seinem Kind, dass Frauen eh nichts Gescheites zu sagen hätten.

Interessanterweise verallgemeinern Personen, die als Kind mit einem bestimmten Mann (z. B. dem Vater) oder einer bestimmten Frau (z. B. der Mutter) schlechte Erfahrungen gemacht haben, diese Erfahrung nicht, wenn sie nicht zusätzlich ein Geschlechtervorurteil vermittelt bekommen haben. Sie können differenzieren zwischen z. B. diesem einen Mann, der ihnen was angetan hat, und Männern allgemein. Hier das Beispiel einer 48-jährigen Patientin mit dieser Konstellation: Weder die Patientin selbst noch ihre Mutter haben ein schlechtes Männerbild, obwohl beide recht krasse sexuelle Übergriffe erlebt haben. Sie sind aufgrund ihrer schlechten Erfahrungen vorsichtig geworden mit Männern, haben jedoch eine grundlegend positive Meinung über Männer beibehalten. Wenn hingegen ein Geschlechtervorurteil durch schlechte Erfahrungen mit Personen dieses Geschlechts zusätzliche Bestätigung findet, wird es verständlicherweise erst recht zementiert.

Wenn das Geschlechtervorurteil sehr früh im Leben und vorwiegend über nonverbale Botschaften auf die nächste Generation übertragen wird, bedeutet das, dass in unserer Kultur, in der die frühe Kindererziehung nach wie vor weitestgehend den Frauen überantwortet wird, die Achse Kind → Mutter → Grossmutter mütterlicherseits → Urgrossmutter grossmütterlicherseits besondere prägende Bedeutung bekommt. In der Regel ist der Einfluss des Vaters in dieser sehr frühen Entwicklungsphase des Kindes und damit auf die transgenerationale Übertragung des Geschlechtervorurteils eher gering. Erst mit dem derzeitigen Trend, die Väter früher und vermehrt in die Kindererziehung einzubeziehen, wird auch ihr Einfluss auf die Bildung (oder Verhinderung) von Geschlechtervorurteilen zunehmen. Diese Aussage ist keine Schuldzuweisung an die Mütter, schliesslich haben auch sie ihre Vorurteile übertragen bekommen.

Im Falle eines mütterlichen Vorurteils gegen Männer hat es der Vater schwierig. Das mütterliche Vorurteil gegen Männer richtet sich auch gegen ihn. Wenn er liebenswürdig, sanft und verstehend ist, wird er leicht als Softie abgetan. Ist er hingegen männlich, klar und zielstrebig, wird er rasch zum Macho gestempelt. Der Vater kann sich dann zwar gegen das Vorurteil wehren (»So bin ich nicht, so sind Männer nicht generell«). Aber das Kind wird wenig Chancen haben, dem Vorurteil zu entgehen. Es wird seine Meinung erst korrigieren können, wenn es einmal zu selbstständigem Erkennen des Vorurteils in der Lage sein wird. Das bedeutet, dass der Vater allenfalls sehr lange warten muss, bis eine vorurteilsfreie Beziehung zu seinem Kind möglich wird. Diese Situation kennen wir aus Therapien gut, wo Patientinnen/Patienten überrascht erkennen, dass sie eigentlich von ihrem Vater viel Gutes bekommen haben, er allenfalls sogar die emotionale Quelle in der Familie war.

Deutlich besser steht es, wenn die Mutter ein Geschlechtervorurteil gegen Frauen, aber keines gegen Männer hat. In diesem Fall wird sie ihr Vorurteil zwar an ihre Kinder weitergeben. Der Vater kann aber korrigierend wirken, weil er nicht abgewertet ist. Ohne eigenes Vorurteil gegen Frauen hat er die Möglichkeit, ein anderes Frauenbild zu vermitteln, indem er beispielsweise sagt: »Ich weiss, dass eure Mutter so über Frauen denkt. Ich weiss jedoch, dass Frauen genauso intelligent und kompetent sind wie Männer.«

Geschlechtervorurteile gegen das eigene Geschlecht

Wenn ein Kind ein Vorurteil gegen das eigene Geschlecht vermittelt bekommt, gerät es in ein Dilemma. Einerseits will es sich dem elterlichen Unbehagen mit weiblicher/männlicher Energie anpassen und wird versuchen, diese Regungen in sich zu unterdrücken und die geschlechtliche Entwicklung zu bremsen. Andererseits sind da biologische Tatsachen in Form von Geschlechtshormonen, so dass dieses Unterdrücken nicht vollständig gelingen kann. Das bedeutet, dass das Kind einen ganz zentralen Aspekt seiner Identität, nämlich seine geschlechtliche Identität und seine Sexualität, nicht ungestört aus sich heraus entwickeln kann. Dass damit das Selbstgefühl einschneidend untergraben wird, ist naheliegend.

Eine mögliche, schwerwiegende Konsequenz besteht in einer gestörten Beziehung zum eigenen Körper. Man lehnt seinen Körper ab, findet ihn unschön. In schweren Fällen hasst man seinen Körper und versucht, ihn aus der Wahrnehmung auszuklinken. Besonders die Geschlechtsmerkmale werden als störend bis abstossend empfunden und oft mit weiten Kleidern verhüllt. Der Körper ist nicht Quelle angenehmer Empfindungen, sondern mit Unlust, Ärger und oft tiefgehender Scham belegt. Das führt oft zu Gefühllosigkeit, speziell in den Genitalien, bei Frauen zusätzlich in den Brüsten/Brustwarzen. Es liegt auf der Hand, dass solche Gefühle Intimität und erotische Sexualität erschweren, allenfalls sogar gänzlich verunmöglichen. Hier das eindrückliche und traurige Beispiel einer 53-jährigen Patientin: Ihre Grossmutter, bei der die Frau aufwuchs, machte den Körper und die geschlechtliche Entwicklung des heranwachsenden Mädchens systematisch schlecht, verlachte sie deswegen fast täglich. Gleichzeitig wertete sie Männer konsequent und in krasser Form ab. Die Patientin hat heute eine miserable Beziehung zu ihrem Frausein und gleichzeitig eine grundlegend gestörte Beziehung zu Männern. Sie empfindet ihren Körper als widerlich und ihre Geschlechtsorgane als störend. In relativ frühen Jahren entwickelte sie einen Brustkrebs und musste sich einer Brustamputation unterziehen. Später mussten bei Verdacht auf ein Krebsleiden auch noch Gebärmutter und Eierstöcke entfernt werden.

Wir vermuten, dass der Versuch, die eigene Geschlechtlichkeit zu unterdrücken, effektiv zu Einschränkungen der Produktion von Geschlechtshormonen führen kann. Ein Hinweis in dieser Richtung liegt in der von uns wiederholt beobachteten Tatsache, dass eine erfolgreiche psychotherapeutische Bearbeitung des Vorurteils gegen das eigene Geschlecht teilweise zu dramatischen körperlichen Veränderungen führen kann: Plötzlich entwickelt eine Frau sichtbar mehr Weiblichkeit, ein Mann spürbar mehr Männlichkeit. Spannend wäre es gewesen, die Werte der Sexualhormone zu messen, um diese Hypothese allenfalls zu erhärten.

Geschlechtervorurteile in partnerschaftlichen Beziehungen

Geschlechtervorurteile haben die Sprengkraft, Intimität, Sexualität, Partnerschaften zu zerstören. Jack Rosenberg und Beverly Kitaen-Morse (1996) schreiben in »The Intimate Couple« sogar: »Gender Prejudice is the most important theme for a couple to confront.« Weshalb hat dieses Thema solch destruktive Kraft und wie läuft dieser Prozess ab, den wir gerne mit einer Vergiftung vergleichen?

Um diesen Vergiftungsprozess zu verstehen, müssen wir uns zuerst zwei wichtige Aspekte vergegenwärtigen, die mit dem Geschlechtervorurteil gegen das andere Geschlecht zu tun haben. Erstens: Wenn ich ein Geschlechtervorurteil gegen das andere

Geschlecht habe, dann trage ich ein grundsätzliches Misstrauen in mir dem anderen Geschlecht gegenüber, das mir in aller Regel nicht bewusst ist. Zweitens hege ich die allenfalls sogar bewusst ausgesprochene Erwartung an meine Partnerin, dass sie eine besondere Art Frau sein werde, anders als alle anderen Frauen. Wenn mein Gegenüber das Vorurteil teilt, was meistens der Fall ist, wird sie sogar einverstanden sein, wird eine bessere Sorte Frau sein wollen, nicht so (schlecht) wie die meisten anderen Frauen. Diese Absicht wird als ein Versprechen verstanden und sehr ernst genommen.

Auch wenn zu Beginn einer Partnerschaft das Geschlechtervorurteil meist noch nicht wirksam ist, ist es eben doch latent vorhanden – wie eine Giftkapsel, die noch dicht ist. In geduldiger Warteposition harrt es auf seine Chance, sein Gift auszustossen. Dieser Moment kommt, wenn in der Partnerschaft etwas passiert, was das Vorurteil (tatsächlich oder scheinbar) bestätigt. Wir nennen diese Ereignisse Starter-Ereignisse. Hier ein Beispiel eines solchen Starter-Ereignisses: Ein Mann ist in seine eigenen Gedanken versunken und verpasst es zu reagieren, als seine Frau ihm erzählt, dass sie ein Telefongespräch sehr verletzt habe. Dieses Ereignis beweist der Frau ihr Vorurteil, dass Männer unsensibel seien. Oft können sich Partner und Partnerinnen an das Starter-Ereignis sehr genau erinnern, weil in diesem Moment eine zentrale Hoffnung, die in die Beziehung gesetzt wurde, zerbrochen ist. Das erwähnte Versprechen, eine andere Art Mann/Frau zu sein, wird als gebrochen empfunden. Diese Starter-Ereignisse können happiger Art sein und das Vorurteil direkt bestätigen (Beispiel: Jemand beginnt eine Affäre und bestätigt damit das Vorurteil, Männer/Frauen seien untreu).

Aber auch scheinbar geringfügige Starter-Ereignisse können den Prozess der Vergiftung der Partnerschaft durch das Geschlechtervorurteil starten. Jetzt ist die Giftkapsel aufgebrochen, das Vorurteil wird manifest, das Misstrauen bekommt Nahrung. Zuerst heimlich, später unverhohlener werden Beweise gesammelt, die einem das Vorurteil bestätigen. Selbstverständlich gelingt es immer, beim Partner solche »Beweise« in Form von Ansichten oder Verhalten zu finden. Die selektive Brille wird wirksam und führt zur selektiven Buchhaltung: Verhalten des Partners, das zum Vorurteil passt, erscheint riesengross und wird dick verbucht. Verhalten des Partners hingegen, das nicht zum Vorurteil passt und den Partner eigentlich in einem besseren Licht erscheinen lassen könnte, wird übersehen, nicht verbucht.

Wenn der Prozess des sich ausdehnenden Vorurteils einmal läuft, dringt das Gift in Form von Abwertung, Bekämpfen, Missachtung immer tiefer zwischen die Partner. Das Misstrauen steigt und steigt, bestimmt das Bild vom Partner immer mehr, durchtränkt die Kommunikation der Partner zunehmend und überstrahlt mit der Zeit alle anderen Themen eines Paares. Das Vorurteil hat schleichend die Macht in der Beziehung übernommen. Tiefgehender emotionaler Austausch und die Lust auf Sexualität verschwinden zunehmend aus der Beziehung. Verhärtung und Machtkämpfe dominieren nun die Atmosphäre. Auf diese Weise wird das Fundament der Beziehung – gegenseitige Liebe, Respekt, Vertrauen, positive Grundabsicht = ich will dein Bestes und du willst mein Bestes – langsam aber sicher erodiert. Die Gefühle von Enttäuschung, Betrogensein und Verrat vertiefen sich. Des eigenen Vorurteils unbewusst, scheint das Problem aussen, einzig beim Partner zu liegen.

Darin liegt das Heimtückische, fast Gemeine des Geschlechtervorurteils für partnerschaftliche Langzeitbeziehungen: Der allenfalls nur kleine Anteil am Verhalten des Partners, der dem Vorurteil entspricht, wird durch die Brille des Vorurteils selektiv und gleichsam stark vergrössert wahrgenommen. Selbst wenn wir unsere Traumpartnerin antreffen, bei der 95 % des Verhaltens nicht zum Vorurteil passen, werden, diese 95 % auf Dauer immer mehr aus der Rechnung fallen, wenn dieser Vergiftungsprozess in Gang kommt. Die restlichen 5 % werden mehr und mehr unser Gefühl und unsere Haltung der Partnerin gegenüber bestimmen.

Wenn das der Illusion zugrunde liegende Geschlechtervorurteil nicht erkannt wird (die Partnerin werde eine bessere Art Frau sein), kann die emotionale Grundlage der Beziehung zerbrechen, unabhängig davon, ob die Partner zusammen bleiben oder sich trennen. Andererseits kann im guten Fall die Desillusionierung den Beginn einer vorurteilsfreieren Wahrnehmung der Partnerin markieren und eine viel tragfähigere Grundlage für die Beziehung sich entwickeln. Die guten Seiten der Partnerin werden nun (wieder) registriert und die anderen verziehen.

Die eben geschilderte verhängnisvolle Entwicklung tritt besonders rasch und heftig ein, wenn es in einer Beziehung tatsächlich zu einer gröberen emotionalen Verletzung, einem Vertrauensbruch gekommen ist, beispielsweise durch eine Aussenbeziehung. Dann explodieren die Geschlechtervorurteile förmlich, bestimmen die Szene schlagartig und umfassend, legen jede fruchtbare Kommunikation völlig lahm. Es kommt rasch zu einer massiven Eskalation, und jede Interaktion ist von den Vorurteilen durchtränkt. Derart akut und heftigst vergiftet, wird es nicht leicht sein, die Beziehung zu retten, das Vertrauen wieder aufzubauen.

Das Geschlechtervorurteil in der therapeutischen Beziehung

Wenn es so ist, dass Geschlechtervorurteile jegliche zwischenmenschliche Beziehung ungünstig beeinflussen, allenfalls sogar zerstören können, liegt es auf der Hand, diese Erkenntnis auch auf die therapeutische Beziehung zu übertragen.

An dieser Stelle möchten wir die Geschichte einflechten, wie die Auswirkungen von Geschlechtervorurteilen auf nahe Beziehungen und dessen/deren Bedeutung entdeckt wurden. Jack Lee Rosenberg und Beverly Kitaen Morse, die beiden Begründer der Integrativen Körperpsychotherapie IBP, arbeiten regelmässig als Therapeutenpaar mit Einzelnen und Paaren. In dieser Kotherapiesituation stellten sie wiederholt fest, dass es Patienten gab, die enorme Schwierigkeiten hatten, Informationen/Interpretationen von einem von ihnen aufnehmen zu können, während es gleichzeitig kein Problem gab, dieselben Informationen von der anderen, andersgeschlechtlichen Person aufzunehmen. Es konnte also beispielsweise jemand zwar von Beverly einen Satz hören und wiederholen, den genau gleichen Satz jedoch schlicht nicht hören, wenn er von Jack kam, oder umgekehrt. Dieses Phänomen, das bei bestimmten Patienten streng reproduzierbar war, führte zur Hypothese, dass es Patienten gibt, die selektiv nur ein Geschlecht hören können und das andere überhören, abwerten, ignorieren.

Wenn wir uns vergegenwärtigen, dass schulenübergreifender Konsens darin besteht, dass die Qualität der therapeutischen Beziehung einer der Kernfaktoren für den Erfolg von Psychotherapien ist, dann wird evident, wie wichtig Geschlechtervorurteile für den Erfolg oder Misserfolg von Psychotherapien sein können, wenn sie die Qualität der therapeutischen Beziehung so direkt beeinflussen. Mit guter therapeutischer Beziehung wird unter anderem verbunden, dass die Klientin ein Gefühl von Vertrauen und Sicherheit aufbauen kann. Genau an diesem zentralen Punkt untergräbt das Geschlechtervorurteil mit seinem generellen Misstrauen dem anderen gegenüber die therapeutische Beziehung.

Selbstverständlich belasten auch andere Arten von Vorurteilen die therapeutische Beziehung. Im Vergleich zu anderen Vorurteilen sabotieren Geschlechtervorurteile die therapeutische Beziehung jedoch ungleich tiefer. Zwei Gründe tragen dazu bei. Erstens wird das Gegenüber in einem absoluten Kernaspekt seines Selbstempfindens abgewertet: in der geschlechtlichen Identität. Zweitens dehnt sich die Abwertung der Partnerin mit zunehmender Wirkungsdauer des Vorurteils nach dem Prinzip der selektiven Buchhaltung immer mehr aus, bis zuletzt alles abgewertet wird, was von diesem Menschen kommt.

Wenn wir uns nun die Folgen von Geschlechtervorurteilen in therapeutischen Beziehungen genauer anschauen, wird deutlich werden, warum wir mit einer gewissen Vehemenz fordern, dass Psychotherapeuten und Psychotherapeutinnen ihre eigenen Vorurteile einem oder beiden Geschlechtern gegenüber kennen und professionell damit umgehen können. Das bedeutet zu bemerken, wann sie im Rahmen der Gegenübertragung auftauchen und sie dann anzusprechen, anstatt sie auszuagieren.

Geschlechtervorurteile können in verschiedenen Konstellationen in der therapeutischen Beziehung auftauchen:

1. *Patient hat ein Geschlechtervorurteil, Therapeut hat keines:*
Diese Konstellation ist die einfachste und stellt keine speziellen Herausforderungen an den Therapeuten. Sofern der Therapeut über die Bedeutung von Geschlechtervorurteilen orientiert ist, sollte es ihm ein Leichtes sein, dem Patienten zu helfen, sein Vorurteil zu erkennen und zu bearbeiten.

2. *Patient hat kein Geschlechtervorurteil, Therapeut hat eines:*
Der Patient wird sich in der Therapie auf unbestimmte Art unwohl fühlen, befremdet sein, sich womöglich abgelehnt oder kritisiert fühlen, kein tieferes Vertrauen entwickeln, wahrscheinlich ohne zu ahnen, was die Grundlage dieser Gefühle ist. Wenn der Patient seiner Wahrnehmung traut, wird er kaum in Gefahr sein, in Kollusion zu gehen, da er selbst das Vorurteil nicht teilt. Wahrscheinlich wird er sich rasch einen anderen Therapeuten suchen. Patienten mit wenig Selbstvertrauen kommen allerdings in Gefahr, sich beeinflussen zu lassen und das Vorurteil zu übernehmen. Damit wird diese Therapie diesen Patienten eine zusätzliche Schwierigkeit einbrocken statt welche zu beheben.

3. *Patient und Therapeut haben dasselbe Geschlechtervorurteil:*
Dies ist die gefährlichste und verhängnisvollste Konstellation. Solange der Therapeut sein Vorurteil nicht kennt, besteht die sehr grosse Gefahr einer Kollusion. Der Therapeut wird nicht nur nicht in der Lage sein, dem Patienten zu helfen, sich seines Vorurteils gegen ein Geschlecht bewusst zu werden, sondern er wird sogar noch zur Verstärkung und Zementierung des Vorurteils beitragen. Der Patient wird sich damit zusätzlich vom anderen Geschlecht oder vom eigenen, und damit von sich selbst, entfremden. Damit schadet die Therapie dem Patienten in gravierender Weise.

Drei mögliche Varianten dieser Konstellation wollen wir kurz in ihrer Problematik skizzieren.

3.1. *Patient und Therapeut haben dasselbe Geschlechtervorurteil, es richtet sich nicht gegen das Geschlecht des Patienten:*
Das andere Geschlecht wird als Ursache des eigenen Leidens empfunden. Der Patient fühlt sich als Opfer, und der in der Kollusion gefangene Therapeut kann das Vorurteil nicht aufdecken. Ganz im Gegenteil wird er die Situation verschlimmern, indem er die einseitige Sicht, die Opferhaltung des Patienten noch bestätigt und unterstützt. Damit wird es dem Patienten fast unmöglich, den eigenen Anteil, die eigene Verantwortungsmöglichkeit zu sehen. Dem Patienten wird es im Verlauf der Therapie wahrscheinlich eher schlechter gehen, er ist in Gefahr, immer tiefer in sein Opferthema abzurutschen, keine Schritte Richtung Autonomie zu machen, eher zu regredieren als zu progredieren.

3.2. *Patient und Therapeut haben dasselbe Geschlechtervorurteil, es richtet sich gegen das Geschlecht des Patienten:*
Diese Konstellation ist für Patienten besonders verhängnisvoll, indem beispielsweise ein Patient in seinem Vorurteil, dass Männer nicht okay seien, von einer Fachperson auf subtile und unmerkliche Weise bestätigt wird. Wir haben oben beschrieben, wie einschneidend ein Vorurteil gegen das eigene Geschlecht das Selbstempfinden, das Identitätsgefühl, den Zugang zum eigenen Körper und zur eigenen Sexualität einschränken kann. Diese Konstellation wirkt sich mit grosser Wahrscheinlichkeit schädlich auf den Patienten aus.

3.3. *Patient und Therapeut haben dasselbe Geschlechtervorurteil, es richtet sich gegen das Geschlecht des Therapeuten:*
Diese Konstellation ist für den Therapeuten besonders unangenehm. Der Patient wird den Therapeuten entwerten, und dieser wird ihm innerlich zustimmen und sich über sich selbst

schlecht fühlen. Er wird bei Schwierigkeiten rasch eigenes therapeutisches Ungenügen vermuten, Mühe haben zu konfrontieren oder zu fordern. Damit wird dieser Therapeut in der Gefahr stehen, die eigene Position zu schwächen und sich als Therapeut selbst zu sabotieren. Der Patient wird seinen »Sieg«, der einem Pyrrhus-Sieg entspricht, nicht zu persönlichem Weiterkommen nutzen können.

Diese Ausführungen machen klar, dass Geschlechtervorurteile die therapeutische Beziehung grundlegend beeinflussen können. Gemessen am Grad ihrer Bedeutung scheinen sie allerdings erstaunlich wenig im Bewusstsein unserer Profession zu sein. Während sie gesamtgesellschaftlich diskutiert werden, hat diese Diskussion das Feld der therapeutischen Beziehung noch kaum erreicht.

Diagnose von Geschlechtervorurteilen

Wenn wir in einer Therapie ein Geschlechtervorurteil festzustellen glauben, geben wir der Person oder dem Paar zwei Übungen, mit dem Ziel, sich des Vorurteils bewusst zu werden. Sie sollen herausfinden, wie das Vorurteil in ihrem speziellen Fall aussieht, was es für ein Körpergefühl auslöst und wie es in Beziehungen ausgelebt wird, wie das Vertrauen des Partners damit strapaziert, unterwandert wird. Die Übungen sind für Frauen und Männer identisch. Sie können diese Übungen auch für sich alleine ausführen. Hier die Übungsanleitungen.

Übung 1 – Interview mit der Mutter/primärer Versorgungsperson und der Grossmutter mütterlicherseits.
Übungsanleitung: Unterteilen Sie eine A4-Seite in vier Spalten. Schreiben Sie zuoberst in die erste Spalte den Namen Ihrer Grossmutter mütterlicherseits, in die zweite den Ihrer Mutter, in die dritte Ihren eigenen. Lassen Sie die vierte Spalte frei für Ihre Erkenntnisse. Nun stellen Sie sich vor, Sie seien Ihre Grossmutter und würden interviewt: »Erzählen Sie mir etwas über Männer. Wie sind

sie, ganz allgemein?« Überlegen Sie nicht lange, antworten Sie spontan und ohne zu zensurieren. Beantworten Sie die Frage vom Standpunkt der Grossmutter aus. Schreiben Sie alles auf, was Ihnen in den Sinn kommt. Sie dürfen auch übertreiben. Das hilft Ihnen, die Meinung ihrer Grossmutter zu identifizieren. Nun beantworten Sie die gleiche Frage aus der Sicht Ihrer Mutter, zum Schluss aus Ihrer eigenen Sicht. Sehen Sie sich Ihre Antworten an. Welches ist der allgemeine Gefühlston Männern gegenüber? Gibt es Themen, die sich von der Grossmutter über die Mutter bis zu Ihnen hinziehen? Wiederholen Sie nun die gleiche Übung mit der Frage: »Erzählen Sie mir etwas über Frauen. Wie sind sie, ganz allgemein?« Werten Sie die Antworten in derselben Weise aus. Danach kann die Übung auch noch mit den Personen der väterlichen Linie gemacht werden.

Übung 2 – Erkunden stereotyper Reaktionen bei der Begegnung mit unbekannten Männern und Frauen.
Übungsanleitung: Gehen Sie auf die Strasse oder in ein Einkaufszentrum und achten Sie auf Ihre unmittelbaren Körperempfindungen, Gefühle, Gedanken, Handlungsimpulse bei der Begegnung mit einem Ihnen fremden Menschen Ihres eigenen Geschlechts: Wie ist Ihre spontane Einstellung ihm gegenüber? Welche ersten wertenden Gedanken tauchen auf? Wenn Sie diese Übung mit 5–10 Menschen Ihres eigenen Geschlechts durchführen und Ihre Reaktionen protokollieren, werden Sie rasch herausfinden, ob Sie ein Geschlechtervorurteil gegen Ihr eigenes Geschlecht haben und worin es besteht. Danach können Sie die gleiche Übung mit Fremden des anderen Geschlechts machen.

Therapie von Geschlechtervorurteilen

Vorurteile verlieren ihren Bann, ihre Destruktivität, indem sie erkannt, benannt, anerkannt und nicht mehr ausagiert werden. Meistens kann es jedoch nicht das primäre therapeutische Ziel sein, die Vorurteile zum Verschwinden zu bringen. Oft sind sie zu tief verankert, als dass sie verschwinden würden. Ein realistischeres

Ziel besteht darin, durch das Bewusstwerden und Annehmen des eigenen Vorurteils es so weit zu bringen, das Vorurteil bei seinem Auftauchen zu erkennen (»Aha, da ist mein altes Vorurteil Männern/Frauen gegenüber«), und es zu unterlassen, es auszuagieren. Der Versuch, sich zu disziplinieren und das Vorurteil zu unterdrücken, funktioniert nicht. Es ist zu sehr in Fleisch und Blut, ein Reflex. Es kann nicht durch einen Akt des Willens zum Verschwinden gebracht werden. Die therapeutisch erreichbare Veränderung besteht also vorwiegend in der Reduktion der schädlichen Auswirkung der Vorurteile.

Vorurteile einzugestehen ist schwierig. Das stimmt ganz besonders, wenn das Geschlechtervorurteil den bewusst geäusserten Meinungen/Werten, die jemand von Frauen/Männern hat, grundlegend widerspricht. Das macht es besonders schwierig, das Vorurteil zu erkennen, und erst recht schwierig, es anzuerkennen, was jedoch für eine erfolgreiche Therapie unumgänglich ist. Leichter wird das Erkennen und Anerkennen, wenn Vorurteile offensichtlich nicht der eigenen Erfahrung entsprechen. Das ist allerdings recht selten der Fall und wird meist erst mit Hilfe der Therapeutin gesehen. Dass das selten der Fall ist, hat damit zu tun, dass das Vorurteil im Sinne des Wiederholungszwanges die Kraft hat, einem vorwiegend mit Menschen zusammenzubringen, die zum Vorurteil passen. Wenn erkannt wird, dass Vorurteil und eigene Erfahrung nicht zusammenpassen, ist offensichtlich, dass das Vorurteil übernommen ist.

Obwohl es eher selten zu einem tatsächlichen Verschwinden von Geschlechtervorurteilen kommt, verlieren Geschlechtervorurteile mit der Strategie des Verantwortens durch Anerkennen und Nichtausagieren von ihrer Macht und machen einem realistischen, differenzierten Bild von Frauen/Männern Platz. Das Denken und Fühlen in Frau-Mann-Kategorien lässt zugunsten einer mehr dem individuellen Menschen gerecht werdenden Haltung nach. In intimen, nahen Beziehungen tauchen sie unter (v. a. partnerschaftlichem) Stress gerne unvermittelt wieder auf, wenn man schon glaubte, sie los zu sein.

In partnerschaftlichen Beziehungen ist es zentral wichtig, der Partnerin gegenüber sein Geschlechtervorurteil anzuerkennen und auszusprechen: Mit jedem Mal, wo ich anerkenne, dass ich gerade daran war, auf ein Vorurteil einzusteigen, kann meine Partnerin Vertrauen aufbauen, dass ich die Verantwortung für mein Vorurteil gegen ihr Geschlecht übernehme, und es nicht ausagieren werde. Interessanterweise reicht es erfahrungsgemäss nicht aus, das Vorurteil nur in Gedanken, für sich im Stillen anzuerkennen. Das Aussprechen ist wichtig, erst damit wird die destruktive Wirkung des Geschlechtervorurteils unterbunden.

Die Therapie des Geschlechtervorurteils muss immer zuerst beim Vorurteil gegen das eigene Geschlecht ansetzen. Geschieht das nicht so, sitzt man dem Vorurteil gegen das eigene Geschlecht auf, projiziert es nach aussen, spürt es von aussen auf sich zukommen, womit es fast unmöglich wird, das andere Geschlecht vorurteilsfrei zu sehen.

Zusammenfassende Thesen/Forderungen

Geschlechtervorurteile sind zu wenig bekannt und von grosser Bedeutung für die
- Beziehung zum Selbst (Stichwort Geschlechtervorurteil gegen das eigene Geschlecht),
- Beziehung zum Partner (Stichwort Vergiftung der Partnerschaft),
- Therapeutische Beziehung (Stichwort Kollusionsgefahr).

Psychotherapeutinnen und Psychotherapeuten mit einem unbewussten Geschlechtervorurteil machen es ihren Patienten und Patientinnen schwer,
- indem sie sie in einem zentralen Punkt ihrer Identität abwerten und damit in ihrer Entwicklung behindern können,
- indem sie ihre Fähigkeit zu Empathie einschränken.

Psychotherapeuten und Psychotherapeutinnen mit einem unbewussten Geschlechtervorurteil gegen das eigene Geschlecht machen es sich selbst schwer,
- weil sie Gefahr laufen, ihr Gefühl für die eigene professionelle Kompetenz zu sabotieren, indem sie dem Patienten und der Patientin innerlich Recht geben, sobald sie abgewertet werden.

Psychotherapeuten und Psychotherapeutinnen müssen ihre Geschlechtervorurteile kennen und bearbeiten, weil diese die Therapie stören bis verunmöglichen und allenfalls den Patienten und Patientinnen schaden.

Literatur

Jack Lee Rosenber, Beverly Kitaen-Morse: The Intimate Couple. 1995. Atlanta: Turner Publications.

Anschrift des Autors:
Dr. med. Markus Fischer, Wartstrasse 3, CH-8400 Winterthur

Christiane Geiser

Replik zum Referat von Markus Fischer:
Das Geschlechtervorurteil

Die Veranstalter und Veranstalterinnen dieser Tagung haben mich gebeten, als Körperpsychotherapeutin auf ein Referat eines Körperpsychotherapeuten zu reagieren, den ich nebenbei als Kollegen und Diskussionspartner schon einige Zeit kenne. Das wollte ich gern tun.

Dein Referat, Markus, hat dann aber interessanterweise nicht (oder erst nach einer Weile) die Körperpsychotherapeutin in mir angesprochen. Es hat mich auch nicht oder nur wenig körperlich erreicht beim Lesen, sondern eher meinen Geist beschäftigt, wenn ich denn schon diese Unterscheidung machen will. Es hat meinen Widerspruch erregt, und der liegt vor allem auf der Ebene, die ich als *erkenntnistheoretische* bezeichnen möchte. Es hat Fragen in mir entstehen lassen, die zu tun haben mit Ursprung und Kausalitäten, mit Diagnose und Behandlung. Dann natürlich auch im engeren Sinne mit Therapie, mit Körperpsychotherapie, und mit der Rolle, die dieses Verfahren bei Einzelnen und vor allem in unserer Gesellschaft in Bezug auf die Mann-Frau-Themen spielen könnte.

Ich will also kurz diese einzelnen Punkte streifen, und da ich gebeten worden bin, zur Anregung der Diskussion pointiert und kritisch zu antworten, will ich das versuchen.

Zuerst entstand beim Lesen ein generelles »natürlich«, »selbstverständlich«! Natürlich müssen wir uns um unsere Vorurteile kümmern! Das ist ein wichtiges erziehungs- und bildungspolitisches Anliegen, nicht nur ein therapeutisches. Unüberprüfte Vorannahmen richten viel Unheil an, darüber müssen wir nicht streiten, und sie zu erforschen, zu hinterfragen, an der Erfahrung zu überprüfen, die dahinterliegenden Denkstrukturen wahrzunehmen, sind das Ziel und der Weg vieler Verfahren.

Du beschäftigst dich, dem Tagungsthema gemäss, mit den Vorurteilen, die in unserer Gesellschaft/Kultur/Religion und in unserem Beruf speziell Männern und Frauen gegenüber bestehen. Uns daran zu erinnern, dass das immer noch und immer wieder so ist, ist verdienstvoll. Es ist anregend, diese Überprüfung (Wie habe ich es selber eigentlich damit? Und meine Kollegen und Klienten?) wieder ins Bewusstsein zu rücken, in der nächsten Supervision wieder einmal die Linsen und Filter unserer diesbezüglichen Voreingenommenheitsbrille zu putzen und neu einzustellen. Und selbstverständlich gehört diese Auseinandersetzung mit unseren stereotypen Denk-, Fühl- und Handlungsmustern als Männer und Frauen in unserer Gesellschaft in die Ausbildung zukünftiger Psychotherapeuten und Psychotherapeutinnen und zur Persönlichkeitsbildung überhaupt.

Aber:
Die Art und Weise, wie Du uns in das Thema einführst, lässt vor allem die Erkenntnistheoretikerin in mir protestieren, und aus dieser Position heraus möchte ich einige Bedenken anmelden. Vielleicht wird es Dir pingelig vorkommen, derart auf dieser Art zu denken oder zu sprechen, herumzureiten. Aber ich bin überzeugt davon, dass Denken und Sprache Wirklichkeit erschaffen. Und mir geht es darum, dass wir uns in *Folgenabschätzung* üben, wenn wir Wörter erfinden und verwenden, Diagnosen erstellen und daraus Behandlungsvorschläge ableiten, und dass wir für unsere »Wirklichkeitskonstruktionen« Verantwortung übernehmen. Denn könnte es nicht sein, dass im Verlauf dieses Prozesses *neue Vorurteile* entstehen, die wieder einem Überprüfungsprozess standhalten müssten?

Es geht in Deinem Artikel um *das Geschlechtervorurteil.* Aus den Menschen, mit denen wir zu tun haben und die auf eine bestimmte Art oder in einem speziellen Bereich stereotyp denken, fühlen, handeln und das nicht überprüfen, ist ein Nomen geworden, eine Art »Ding«: das GV (gender prejudice). Immer mehr ist mir beim Lesen vorgekommen, es handle sich dabei um so etwas wie einen Virus: etwas, das es »gibt«, das da draußen (vorzugsweise in der Familie) umherschwirrt, das sich dann überträgt (weitergereicht wird von den Eltern zu den Kindern, von einer Generation auf die andere), das man dann »erbt« und in sich trägt wie eine Giftkapsel, die plötzlich die Herrschaft übernehmen und Beziehungen zerstören kann, dessen Opfer man wird, das unbewusst bleibt, das man in der Therapie aber diagnostizieren, bearbeiten und sich dann vielleicht davon befreien kann.

Mir kommt vor, dass wir mitverfolgen können, wie in Deinem Text ein sprachliches Konstrukt entsteht und wirklich zu werden beginnt. Es passiert also das, was man *Reifizierung* nennt: aus Prozessen, aus einander beeinflussenden und miteinander verbundenen Beziehungsabläufen werden »Dinge«, Substanzen, Entitäten. (Wir kennen diesen Vorgang ja auch von den Begriffen »Energie« oder »Selbst« oder »Unbewusstes« – dort passiert das ja auch. Oder auch aus den neueren biomedizinischen Forschungen: Es soll ja mittlerweile ein »Kriminalitäts-Gen« geben, einen »Migräne-Generator« im Stammhirn oder den so genannten »God Spot« im Gehirn, der spirituelle Weisheit erlaubt …) Es klingt dann so, als gäbe es das alles wirklich, als seien das ontisch feststellbar Realitäten, die man isolieren, diagnostizieren und behandeln kann – ein übliches Verfahren in traditionellen Bereichen der Naturwissenschaft und der Medizin. Und damit sind wir mitten in einer erkenntnistheoretischen Diskussion, in der wir offenbar unterschiedliche Positionen beziehen.

Der späte Rogers, Begründer der *klientenzentrierten* Psychotherapie (der Tradition, in der ich sozialisiert bin), sagte einmal: »Es gibt ebenso viele ›wirkliche‹ Welten, wie es Menschen gibt.« Das ist eine radikale Definition, der ich mich aber anschliesse und die z. B. durch die verschiedenen Spielarten des *Konstruktivismus* unterstützt wird. Es kommt mir aus dieser Position heraus logisch vor, dass wir keine beobachter-unabhängige Wirklichkeit erkennen können, d. h., dass wir gar nicht vorurteilsfrei betrachten können! Dass wir ja immer, wenn wir uns selber oder eine andere Person wahrnehmen, durch unsere eigenen Filter und Linsen und durch die des Kontextes, in dem wir leben, schauen, und dass es die Person, »wie sie wirklich ist« resp. die »Wahrheit« jenseits dieser Brille gar nicht geben kann. Dass wir nicht wie durch einen Nürnberger Trichter Meinungen und Annahmen in eine andere Person transportieren können. Dass wir miteinander aktiv und konsensuell (durch Sprache und Körper) immer wieder neu diese »Wirklichkeit« erstellen. Dass wir sie (und das ist das therapeutisch Günstige an dieser Annahme!) aber auch anders erstellen können, als wir das gewohnheitsmässig tun!

Es wird uns ja nicht nur etwas angetan, sondern wir sind ständig beteiligt an der Beziehungs- und Weltgestaltung. Natürlich in Grenzen, denn es gibt keinen unbegrenzten Freiheitsspielraum innerhalb des Kontextes, in den wir hineingeboren werden. Aber Ansichten, Muster, Anschauungen, Botschaften werden nicht einfach in uns hineingepflanzt und dann sind sie dort!

Der Text impliziert auch ein bestimmtes Verständnis von *Kausalität*, als gäbe es da Ursachen und ganze Kausalitätsketten: weil das GV, darum später ... weil der Vater nicht und die Mutter doch, darum ... nicht ... oder doch ... Das kommt mir vor wie eine recht simple Reduktion. Natürlich richten sich dann auch Deine Beispiele und Behandlungsvorschläge danach, zu jedem fiele mir ein Gegenbeispiel oder eine andere Deutung zum selben Beispiel ein (das ist ja immer so, soll hier nur die Behauptung unterstreichen, dass es da keine Kausalitäten gibt, wie Du es behauptest), oder alle beschriebenen Konsequenzen könnten ja auch durch andere Einflüsse »verursacht« worden sein als durch »das GV«.

Kritisch eingestellt bin ich auch der Annahme gegenüber, dass alles Wesentliche in der frühen Kindheit in der Kernfamilie stattfinde. Dass dort diese »transgenerationale Übertragung« passiere, und zwar – das macht die Sache sofort hoch geladen – »unbewusst«, »geheim«, Du sprichst sogar von einem »Bann«. Nirgendwo ein Wort über die *Gender-Debatte*, über die kulturelle, religiöse, soziale und politische »Herstellung« solcher geschlechtsspezifischer Vorurteile. Du machst zwar einen kühnen Sprung von der (Gender-?)Abwertung des anderen/eigenen Geschlechts zur Unterdrückung der Sexualität/Geschlechtshormone und zu erkrankten

Organen. Dieser Kausalzusammenhang ist zwar spektakulär, vor allem, wenn es dann solche Heilungserfolge gibt, aber doch nur eine Auswahl aus vielen möglichen Kausalitätsketten, die man auch noch erfinden könnte.

Wenn die »Bühne« die Familie ist, muss deshalb konsequenterweise die »Bearbeitung« des GV wieder in einem intimen (familiären) Zweiersetting oder Dreiersetting in der Psychotherapie stattfinden. Das macht die ganze Sache bedenklich unpolitisch, es macht sie zu einer Privatsache von Individuen, und das ist sie meiner Meinung nach doch nun wirklich nicht!

Nur der Vollständigkeit halber (auch das ein politisches Anliegen): Alle Beispiele sind *heterosexuell* aufgebaut. Die ganze Welt der Homo-, Trans- und Intersexualität fehlt. Dabei könnten wir gerade von diesen Welten viel über Vorurteile und ihre Erschütterung lernen.

Auch die Auswirkungen des Vorurteils (heisst: wie sich Menschen verhalten, wenn sie stereotyp gewisse Dinge immer und immer wieder tun, denken, fühlen) scheinen mir höchst einseitig beschrieben. Du redest lediglich von *Abwertung*. Auch Aufwertung kann eine der möglichen Konsequenzen sein (ist das erwünschter?) oder die Wippe Aufwertung – Abwertung. Es kann aber doch auch – je nach Charakter der Person oder ihrem Eingebundensein in eine Clique/Kommunität – andere Reaktionen geben; nicht alle Menschen neigen in ihrer Vorurteilshaftigkeit zu Auf- und Abwertungen.

Diskutieren würde ich gern mit Dir über Deine Ideen zur *Therapie*. Da Du das Geschlechtervorurteil unter anderem als »Bann« eingeführt hast, ist es logisch, dass lautes Aussprechen ein wirksames Gegenmittel ist! Darüber hinaus wären aber meiner Meinung nach weitere Überlegungen fruchtbar: Nach dem Erkennen und der Akzeptanz – von der Du mit Recht schreibst, dass das immer der erste Schritt sein muss – folgt meiner Erfahrung nach bei diesen »strukturgebundenen Prozessen«, wie ich sie nenne, ein langer Weg des Neulernens (»Ent-Lernens«, wie es einige Systemiker nennen) und Umgestaltens hin zu grösserer Komplexität in uns drin und in unseren Beziehungen zu anderen und der Welt – ich wüsste nicht, wie das durch reines »Unterlassen des Ausagierens« bewerkstelligt werden könnte.

Schmunzeln musste ich beim Lesen, weil Du am Schluss selber einem Vorurteil aufgesessen bist. Du schreibst von männlicher und weiblicher Energie und davon, dass Klienten und Klientinnen nach erfolgreicher Behandlung *mehr Weiblichkeit oder mehr Männlichkeit* entwickeln? Was, bitte, ist denn das anderes als ein Vorurteil: dass es so etwas gäbe? Und das wolltet ihr noch messen und untersuchen … bewahre, dann würde daraus ja noch ein wissenschaftliches Vorurteil, und von denen haben wir ja nun wirklich schon genug …

Aber im Ernst: Eine implizite Vorannahme im Therapeuten, dass es erkennbar so etwas wie »mehr Weiblichkeit oder mehr Männlichkeit« gäbe und dass das ein Therapieziel sein sollte, ist meiner Ansicht nach äusserst bedenklich. Diese hochbrisante Mischung aus individuellen Eigenwelten in Bezug auf dieses Thema und der konsensuell hergestellten »Wirklichkeit« in der Gesellschaft, den Medien und der Werbung gehört sorgfältig reflektiert. Wir alle kennen doch aus unserer Arbeit Frauen und Männer, die endlos gelitten haben und noch leiden unter dem Diktat resp. der inneren Vorstellung, dass sie »mehr« oder anders weiblich oder männlich zu sein hätten …

Zum Schluss meiner Überlegungen doch noch ein paar *Gedanken zur Körperpsychotherapie*:

Was speziell in einer Körperpsychotherapie mit männlichen und weiblichen Körpern und zwischen ihnen in Gang kommen kann, kann ich aus Deinem Aufsatz nicht entnehmen. Das wäre ein weiteres interessantes Kapitel, zumal wir als Vertreterinnen dieser Richtung ja häufig genug erfahren, dass hier sofort ein ganz anderes, aber vehementes *Vorurteil* im Raum steht (respektive die Vorannahmen einiger Kollegen und Kolleginnen): dass nämlich Körperpsychotherapie und vor allem die, die mit Berührung arbeitet, sofort und auf der Stelle missbräuchlich wird.

Ich hätte gern noch etwas darüber gelesen, dass körperliche Arbeit in der Therapie gerade in diesen Themen ja auch anderes ermöglichen kann:
- dass sie ja gerade Vorurteile über Berührung zwischen Männern und Männern, Frauen und Frauen, Frauen und Männern revidieren kann,
- dass Berührungen neu erlebt und verstanden werden können, wenn die Beteiligten z. B. die richtige Bindungsart miteinander finden (Fachterminus für eine alters- und rollengemässe Interaktionsform),
- dass es klärend sein kann, wenn die Themen Neutralisierung und Sexualisierung in einer therapeutischen Beziehung besprechbar und erlebbar werden,
- dass durch korrigierende körperliche Beziehungserfahrungen Wohlfühlen, Freude und Kraft in unsere Körper und die unserer Klienten zurückkehren und die gesellschaftlich geforderten Maßstäbe, wie denn die Körper von Männern und Frauen zu sein hätten, nach und nach weniger richtungweisend werden können.

Anschrift der Autorin:
Christiane Geiser, Ausbildungsinstitut GFK, Weierhofgasse 9, CH-9500 Wil, Tel.: 0041 71 910 17 90, Fax 910 17 91, E-Mail: cg@tbwil.ch

Katrin Wiederkehr
Geschlechtsspezifischer Umgang mit Macht in der Psychotherapie

Die Definitionsmacht

Bereits die Definition von Macht ist eine Machtfrage. Wer seine Definition zur gültigen machen kann, dominiert. Sage ich an dieser Stelle »seine« und nicht »ihre«, habe ich bereits meine Definitionsmacht ausgeübt. Weil die neuen geschlechtsneutralen Ausdrücke teilweise schwerfällig oder missverständlich sind, werde ich ausser ihnen auch abwechslungsweise weibliche und männliche Formen verwenden.

Eine Definition grenzt den Bedeutungsbereich eines Wortes ein. Sie ist gleichsam ein Territorialanspruch. Die Eingrenzung eines Wortterritoriums ist zwar notwendig – aber nie ganz adäquat. Wir brauchen Definitionen, um uns verständigen zu können, und beanspruchen sie als Bausteine für unsere theoretischen Gebäude. Definitionen entwickeln sich, und ein fruchtbarer Diskurs setzt die Kenntnis ihres aktuellen Standes voraus.

Der statischen Definition eines Wortes möchte ich eine dynamische gegenüberstellen: Es ist die von Moment zu Moment durch den Verwendungskontext entstehende Bedeutung.

Jedes Mal, wenn ein Wort verwendet wird, leuchtet eine andere Facette seiner Bedeutung auf. In der wechselseitigen Beziehung bildet ein Wort einerseits Strukturelement des Kontextes und wird andererseits von diesem wiederum geortet. Das heisst nicht, dass jede Verwendung eines Wortes dieses neu definiert, aber es geht in diese Richtung. »Und eben da, wo die Begriffe fehlen, da stellt ein Wort zur rechten Zeit sich ein.« Dieses Zitat aus Goethes Faust weist auf die Grenzen der Sprache hin. Der Unterschied zwischen Wort und Begriff ist der zwischen dem Steckbrief und der gesuchten Person. Worte kreisen Begriffe ein. Der Begriff ist immer mehr als das Wort. Die Sprache erreicht das Gemeinte nie ganz.

Verschiedene Sprachen nähern sich demselben Begriffsbereich auf unterschiedliche Weise. Genaue Übersetzungen sind unmöglich, da die Worte in verschiedenen Sprachen nie deckungsgleich sind. Carl Rogers verwendete die englische Sprache, wir die deutsche. Macht wird mit »power« übersetzt. Power kann aber auch Kraft bedeuten. Wer Macht, Kraft und Power miteinander in Beziehung setzt, realisiert Bedeutungsüberschneidungen und -differenzen. Mit Worten lassen sich diese jedoch oft nicht eindeutig benennen.

Statische und dynamische Definitionen haben unterschiedliche Machtimplikationen: Die statische Definition als Schwert im Kampf um Ansehen und Einfluss muss möglichst unangreifbar gesichert sein. Die Definition als lebendiges Gegenüber schillert von Sekunde zu Sekunde in allen Farben und ist immer im Fluss. Die Definition als Prozess lässt sich schwer zur Dominanz verwenden, die Definition als Inhalt hingegen sehr wohl. Statische Definitionen lösen die Lebendigkeit des Wortes zugunsten seiner Verfügbarkeit auf. Die Suche nach sicheren, abspeicherbaren Definitionen führt zu Verabsolutierungen und Einseitigkeiten, welche die Aufnahme von lebendigem Wissen erschweren. *Als Akademiker haben Therapierende eine jahrzehntelange Konditionierung des Gebrauchs von Wissen zur Dominanz hinter sich.* In der Arena wissenschaftlicher Ausmachungen ebenso wie in Auseinandersetzungen mit Klienten wird Wissen als Mittel zur Dominanz eingesetzt.

Machtdimensionen

Macht ist ein Potenzial wie das Wasser oben im Stausee:
- Ich definiere Macht als wertneutral. Die aus dem Stausee gewonnene Energie kann den Infrarotstrahler des Marroniverkäufers warm halten oder den Computer eines Wirtschaftsverbrechers speisen.
- Bei Worten wie Macht und Kraft klingen immer auch ethische Dimensionen mit. Macht verbindet sich sofort mit ethischen

Kategorien. Sie kann für das Gute oder für das Böse verwendet werden.

– Macht lässt sich aktiv oder passiv ausüben: Bei der aktiven Machtausübung werden die eigenen Absichten, der eigene Wille durchgesetzt. Die passive Form der Machtausübung besteht darin, die Mittel zur Bedürfnisbefriedigung der anderen in der Hand zu haben. Die aktive Form der Macht wird traditionellerweise den Männern, die passive den Frauen zugeschrieben.

Machtzuschreibungen

Ein tiefverwurzelter, gesellschaftlicher Konsens bestimmt, wem Macht zugeschrieben wird. *Machtattribuierungen sind so selbstverständlich, dass sie der bewussten Wahrnehmung entgehen, auch wenn sie eine Situation entscheidend beeinflussen.* Machtattribuierungen ordnen den sozialen Raum und ermöglichen so eine Orientierung. *Der eigene Platz im System sozialer Attribuierungen definiert ein Stück weit die individuelle Identität und wird deshalb vehement verteidigt.* Die Versuche, Machtattribuierungen zu verändern, haben schon zu Revolutionen und Kriegen geführt.

Mächtig ist, wer Machtzuschreibungen anzieht. Soziale Rollen, Rituale und Selbstinszenierungen dienen der Machtzuschreibung als Magnet. Die Implikationen und Machtzuschreibungen reichen weit. Der Mächtigere hat den besseren Zugang zu den materiellen Ressourcen. Automatische Kompetenzzuschreibungen verschaffen ihm in der Berufswelt ein leichteres Fortkommen. *Machtzuschreibungen steuern die Wahrnehmung.* Der Mächtige wird gehört, währenddem die Beiträge der Schwächeren nicht registriert werden, ungeachtet ihrer Qualität. Der Name des Mächtigeren prägt sich ein, während derjenige des Schwächeren vergessen geht.

Manchmal verschleiert der Psychofiligran unseren Blick auf handfeste und existenzbestimmende Machtverhältnisse im Leben unserer Klienten. Die Ehetherapeutin Rosmarie Welter-Enderlin mahnt: »Die Forderung nach offener Kommunikation deckt oft die harten Aspekte, also die Verteilung der Ressourcen im menschlichen Zusammenleben, zu. Dass Aspekte ungleicher Machtverhältnisse ohne Artikulationsmöglichkeit besonders schmerzlich erlebt werden, erfahre ich täglich in der Beratung von Organisationen wie von Familien.« Und: »Wir müssen immer im Auge behalten, dass Männer und Frauen nicht bloss Träger und Trägerinnen von Informationen über Gefühlszustände, sondern auch von Machtquellen sind. Es scheint wenig menschenfreundlich, ihnen den Mund mit Gefühlswörtern aus der alltäglichen Psychologisierung vollzustopfen und die Augen vor den ungleichen Verhältnissen in Familie oder Arbeitswelt zuzubinden.« (Welter-Enderlin 1995, S. 271.) Es ist naiv, mit einem Studenten sein Konfliktvermeidungsverhalten auszuloten, ohne sein Abhängigkeitsverhältnis zu einem Doktorvater im Auge zu behalten, oder mit einer schlecht ausgebildeten Hausfrau den Aufstand zu proben, ohne ihre Gesamtsituation zu berücksichtigen.

Zwischen Mann und Frau und zwischen Klient und Therapeutin besteht ein Machtgefälle, das durch den sozialen Konsens der Machtzuschreibung verursacht wird. Der Mann ist mächtiger als die Frau, die Therapeutin mächtiger als der Klient. Diese Konstellation wirkt und bildet die Basis der stattfindenden Interaktionen. *Bevor auch nur ein Wort ausgetauscht worden ist, sind die Machtverhältnisse weitgehend festgelegt und beeinflussen die therapeutische Situation in hohem Masse.*

Macht, Verantwortung und Vertrauen

Der Machtvorsprung begünstigt schädliche Herrschaftsverhältnisse. Um diese zu vermeiden, ist es für Therapierende wesentlich, ihren Machtvorsprung zur Kenntnis zu nehmen und zu verantworten. Dieser Machtvorsprung setzt sich zusammen aus
– den mit der Therapeutenrolle verknüpften und im sozialen Konsens verankerten Machtzuschreibungen,
– Machtübertragungen durch die Klienten,
– einem Ressourcenvorsprung bezüglich Information und Erfahrung.

Der Machtvorsprung verlangt von den Therapierenden eine ethische Grundhaltung, welche die Klienten vor dem Machtmissbrauch schützt. Ein verantwortungsbewusster Umgang mit der eigenen Macht ist die wichtigste Rahmenbedingung für eine Therapie, die diesen Namen verdient.

Klienten befinden sich in einer schwächeren Position, was zu therapiebehindernden Schutzhaltungen führt, welche durch Vertrauen langsam aufgelöst werden können. Vertrauen bildet die Basis für entwicklungsnotwendige Machttransformationen. Es ist das verantwortliche Wahrnehmen des therapeutischen Auftrags seitens der Therapeutinnen und das Vertrauen der Klientinnen in Kompetenz und gute Absichten der Therapierenden, welches letztlich all das Ungereimte, welches dem therapeutischen Prozess zu eigen ist, zu einem gemeinsamen Fluss verbindet. *Die Machtdifferenz zwischen Therapeutin und Klient wird durch Verantwortung von der Therapeutenseite und Vertrauen von der Klientenseite überbrückt.* Verantwortung und Vertrauen sind die unabdingbaren Voraussetzungen zu einer therapeutisch wirksamen Veränderung der inneren und äusseren Machtverhältnisse. Das uns Therapierenden entgegengebrachte Vertrauen ruft nach unserer Verantwortlichkeit. Ich wünsche uns allen die ethische Substanz, dem kostbaren Vertrauen unserer Klienten mit verantwortungsvoller Sorgfalt zu begegnen.

Männlicher und weiblicher Umgang mit Macht

Dominantes Verhalten gehört zur männlichen Idealnorm, kooperatives zur weiblichen. Die dominante Frau kann als unweiblich empfunden werden, der kooperative Mann als weich. *Geschlechtsrollenprägungen konstellieren die Art der Handhabung der eigenen Macht.*

Ist von Therapeutinnen eine andere Form des Umgangs mit der Macht zu erwarten als von Therapeuten? Die schwächere Position konstelliert andere Machtstrategien als die stärkere. Ein Machtvorsprung ermöglicht die direkte Durchsetzung des eigenen Willens auf Kosten von anderen. Aus der schwächeren Position sind indirektere Machtstrategien, wie z. B. diejenige der Verführung zu erwarten. Die schwächere Position schärft den Blick für die ungerechten Machtverteilungen und erhöht die Sensibilität für Machtmissbrauch. Wer Diskriminierung erfahren hat, kann die Mechanismen der Machtzuschreibung nicht mehr ignorieren.

Bei der Kombination einer weiblichen Therapeutin mit einem männlichen Klienten sind geschlechtsrollenbedingte und berufsrollenbedingte Machtzuschreibungen gegenläufig. Der Machtvorsprung der Therapeutin als Berufsfrau wird durch den Machtvorsprung des Klienten als Mann verkleinert. Dieser Grund schwingt manchmal bei der Wahl einer weiblichen Therapeutin mit, die weniger bedrohlich erlebt wird. Es besteht die Gefahr, dass Therapeutinnen mehr Mühe haben, männlichen Klienten gegenüber notwendige Konfrontationen zu initiieren. Es widerspricht einer bestimmten Art von weiblicher Konditionierung, Männern gegenüber Autorität auszuüben. Auch das Umgekehrte ist denkbar: Eine Therapeutin, die unter dem männlichen Machtvorsprung gelitten hat, kompensiert, indem sie ihre männlichen Klienten besonders dezidiert in die Finger nimmt. Die Konstellation Therapeutin/Klient ist erotisch nicht speziell brisant, da in der Regel Männer schwächere Partnerinnen und Frauen stärkere Partner anziehend finden. *Bei der Kombination eines männlichen Therapeuten mit einer weiblichen Klientin kumulieren geschlechtsrollenbedingte und berufsrollenbedingte Machtzuschreibungen.* Die Rolle der Klientin gegenüber einem Therapeuten und diejenige einer Frau gegenüber einem Mann vermischen sich leicht, da sie ein ähnliches Rollenverhalten evozieren.

Machtmissbrauch in der Therapie

Herrschaft bedeutet Ausbreitung der eigenen Macht durch Unterdrückung der Macht des anderen, also Instrumentalisierung des Willens des anderen für eigene Zwecke. Macht kann nun im Sinne der ausschliesslichen oder vorwiegenden Befriedigung eigener Bedürfnisse zu Lasten der Bedürfnisse anderer verwendet werden. (Je nach Ausmass der Beeinträchtigung des anderen wird hier von Dominanz, Herrschaft oder Machtmissbrauch gesprochen.) Peter Schmid schreibt: »Jeder nicht offene, das heisst nicht deklarierte Gebrauch von Macht im zwischenmenschlichen Bereich ist Missbrauch, also Herrschaft. Macht sollte daher kongruent und damit so bewusst und deklariert wie möglich ausgeübt werden.« (Schmid, S. 9.) Das wirft natürlich Fragen auf. Besteht der Tatbestand der Herrschaft nur dann, wenn dieser konstellierte Machtvorsprung bewusst und aktiv umgesetzt wird? Wie ist die selbstverständliche, unbewusste Beanspruchung von Privilegien aufgrund einer Machtzuschreibung einzuordnen? Müssen Situationen, in denen eine von vornherein ungleiche Machtzuschreibung wirkt, als Herrschaftsverhältnisse bezeichnet werden?

Wir entstammen alle derselben Dominanzkultur, wir sind alle herrschaftsgeschädigt. Wir alle tendieren dazu, Macht reflexhaft zur Machtvermehrung zu benutzen. Die Versuchung, aus dem Machtvorsprung heraus die therapeutische Beziehung zu unserem Vorteil zu gestalten, ist gross. Wo das Einkommen den Therapierenden wichtiger ist als der Prozess der Klienten, liegt ein Machtmissbrauch vor. Häufig dürfte auch der subtile narzisstische Missbrauch sein. So besteht beispielsweise eine Form von Machtmissbrauch darin, sich als allgebende, allweise, allgütige Mutter aufzuspielen. Bedingungsloses Akzeptieren und Verwöhnen sind zweierlei. Therapeuten, welche ausserhalb der Therapiestunden für ihre KlientInnen allzu sehr erreichbar sind, haben ihre Fantasien in Richtung Urmutter nicht ganz im Griff.

Vertrauensmissbrauch ist die destruktivste Variante des Machtmissbrauchs, weil er die Öffnung zum anderen Menschen, die Hoffnung auf Hilfe, letztlich den Glauben an das Gute, also die lebenserhaltende Grundsubstanz eines Menschen angreift, vermindert oder gar zerstört.

Der sexuelle Machtmissbrauch

Die ganzheitliche Präsenz des Therapeuten bringt es unweigerlich mit sich, dass die Energie des therapeutischen Prozesses in seinem Körper vibriert. Der Körper der Therapierenden zeichnet seismographisch das Geschehen mit. Die Körpersignale des Therapeuten helfen ihm, den gemeinsamen Prozess richtig zu lokalisieren. Synergetische Phasen der Therapie, das mutige Hinschauen vor dem Durchbruch, die Selbstgeburt, die Erleichterung, die Höhenfluge, die Freude, die gemeinsame Feier des möglich Gewordenen – sie alle erwärmen die Atmosphäre und schaffen Nähe. Der Genuss von überraschenden Einsichten, das farbige Glitzerspiel guter Formulierungen, das gemeinsame befreiende Lachen über die unendliche Absurdität des Seins lockern die vom Tragen der Lasten verspannten Muskeln. Therapie darf lustvoll sein.

Eine gute Arbeit bringt unter glücklichen Umständen die innere und äussere Schönheit unserer Klienten zum Strahlen. Der erotische Unterstrom zwischen den Geschlechtern ist auch im Praxisraum präsent. *Die Gefühle, die Bedürfnisse und Fantasien eines Therapeuten einer Klientin gegenüber dürfen und müssen voll akzeptiert und integriert werden.* Je klarer sie gesehen werden, desto besser finden sich die Verhaltensweisen, die einer Klientin förderlich sind. Nur keine Panik: Ein vom Therapeuten verantwortungsvoll integrierter Unterstrom der Attraktion kann Aufmerksamkeit und Engagement in einer Therapie erhöhen.

Die erotische Ausstrahlung einer Klientin muss vom Therapeuten registriert werden, denn sonst nimmt er sie nicht vollständig wahr. Entscheidend ist, wie er damit umgeht. Solange seine Reaktion im Dienste der Selbstaktualisierung der Klientin steht, ist sie richtig. Die Beurteilung dieses Kriteriums fordert vom Therapeuten eine klare ethische Linie und eine weitsichtige Einschätzung des Prozessverlaufs.

Ein guter Therapieverlauf bringt eine Erwärmung, ein Flüssig- und Durchlässigwerden mit sich, was auch in der Klientin erotische Schwingungen freisetzen kann. Oft bereiten diese Sehnsüchte der Klientin Angst und sie schenkt dem Therapeuten viel Vertrauen, wenn sie darüber spricht. Es ist dann an ihm, den Mut seiner Klientin zu honorieren und ihr Vertrauen mit seiner Verantwortlichkeit schützend und nährend zu umhüllen. Die Tatsache, dass sie sich nach einem Mann sehnt, ist oft ein erfreulicher, zu validierender Entwicklungsschritt. Das Ganze bildet eine positive Durchgangsstufe des therapeutischen Prozesses. Er hat in der Klientin ein Potenzial freigesetzt, das sie zur Suche nach einem geeigneten Partner motivieren kann. Hier besteht die Gefahr eines subtilen Machtmissbrauchs. *Der erotisch bedürftige Therapeut bringt es nicht fertig, auf die auf ihn gerichteten Sehnsüchte zu verzichten.* Ich vermute, dass derartige Konstellationen sehr häufig vorkommen. Es geschieht nichts äusserlich Unkorrektes, und vielleicht wird das Ganze nicht einmal angesprochen, aber die Therapie bewegt sich nicht mehr vom Fleck. Es ist möglich, dass weder dem Therapeuten noch der Klientin wirklich bewusst ist, was vorgeht. Der Therapeut fürchtet sich vor seinen Gefühlen, und die Klientin ahnt, dass sie ihn mit den emotionalen Realitäten der Beziehung überfordern würde, und sie kann ihre Idealisierung des Therapeuten nicht riskieren, und so verdrängen beide.

Eine sexuelle Handlung im therapeutischen Setting ist extremer Machtmissbrauch und ein Verrat des entgegengebrachten Vertrauens. Sie zerstört die therapeutische Beziehung mit einem Schlag. Es ist, wie wenn eine Therapie ohne Vorwarnung plötzlich abgebrochen würde. Die Beziehung gerät in ein verwirrendes Niemandsland, was der Desorientierung, den Illusionen und Schuldgefühlen Vorschub leistet. Oft fehlt nach einem solchen Trauma der Mut und das Vertrauen, nochmals therapeutische Hilfe zu suchen, und die Opfer bleiben zusätzlich geschädigt sich selbst überlassen. Ich erinnere mich an die Nachbehandlung einer Klientin nach einem sexuellen Übergriff durch einen so genannten Therapeuten, bei der es vor allem darum ging, die durch die sexuelle Begegnung abgebrochene Therapie zu Ende zu führen. Ich leitete eine Paarbehandlung von Therapeut und Klientin – natürlich auf Kosten des »Therapeuten« – ein.

Sexuelle Übergriffe sind bedauerlicherweise keine Einzelfälle. »Nach Schätzungen der amerikanischen Berufshaftpflichtversicherer kommt es bei ca. 20 % der Psychotherapeuten und Psychiater mindestens einmal in ihrer beruflichen Karriere zu sexuellen Kontakten mit PatientInnen« (Schmidt-Lellek 1995). »Bei Selbstbefragungen gaben 10 % der Therapierenden zu, sexuelle Kontakte mit PatientInnen aufgenommen zu haben. 92 % davon Männer« (Schmidt-Lellek, S. 212). Bei der Diskussion um sexuelle Übergriffe stellt sich die Frage der Kollusion. Unter Kollusion verstehen wir das oft unbewusste Zusammenspiel einander ergänzender Bedürfnisse. Der Herr ist Herr, weil der Knecht einen mächtigen Herrn braucht. Die Klientin hat den sexuellen Übergriff unbewusst konstelliert und den Therapeuten verführt. Hier muss betont werden, dass der Kollusionsaspekt nur ein Teil des ganzen Bildes ist. Er entbindet den Therapeuten in keiner Weise von seiner Verantwortung. Ein Therapeut, der sich bei einem Übergriff auf eine Kollusion beruft, hat weder seinen therapeutischen Auftrag noch die Macht seiner Rolle begriffen und disqualifiziert sich damit. Der Therapeut ist für die Einhaltung der Grenzen verantwortlich.

Der Therapeut muss wissen, dass allfällige implizite oder explizite erotische Angebote einer Klientin nicht nur seiner Person, sondern vor allem auch seiner Rolle und den an sie geknüpften Heilserwartungen gelten. Es handelt sich oft um Übertragungen, die aufgelöst und nicht mitagiert werden müssen. Erotische Angebote können durchaus ein unbewusster Sabotageversuch an der ganzen, oft schmerzlichen und harten therapeutischen Arbeit sein. Flirten ist manchmal schöner als arbeiten.

Eine von Schmidt-Lellek und Heimannsberg präsentierte Untersuchung zeigt missbrauchende Therapeuten als Männer, die bei Frauen wenig Chancen haben, weil sie psychisch und physisch wenig attraktiv sind.

Wenn die Bewunderung der Klientin nicht bloss ein Nebenprodukt ist, sondern zum Ziel therapeutischer Handlungen wird, ist die Therapie gefährdet. Werbeverhalten der Therapierenden wie schmeichelhafte Verbalisierungen, zum Zweck der Verführung eingesetzte Einfühlung, brillante Selbstinszenierungen, settingsprengende Angebote, Schuldgefühle oder aggressives Verhalten aus Frustration über nicht Lebbares mahnen zur Aufmerksamkeit. Wenn solche Verhaltensweisen sich häufen, empfiehlt sich eine Supervision.

Ethischer Nachholbedarf

Der Feminismus machte die Realitäten der Machtverteilung im Patriarchat unter der Decke der Selbstverständlichkeit sichtbar. Das führte im Bereich der Psychotherapie zu einer raschen Verankerung der ethischen Normen. Sexuelle Übergriffe im Rahmen einer Psychotherapie, vor zwanzig Jahren von dummen Psychotherapeuten noch als Kavaliersdelikt eingestuft, führen heute zum Ausschluss aus den Berufsverbänden. *Früher wurde die Sexualität tabuisiert, später war es das moralische Empfinden. Als ethische Kastraten vermieden wir jegliche moralische Stellungnahme und verdrängten unser Wissen um Gut und Böse.* Langsam gelangen wir zur Einsicht der Kosten einer wertneutralen Haltung, und es wird uns klar, dass wir sie uns weder auf der individuellen noch auf der gesellschaftlichen Ebene leisten können. Aufgeschreckt von all dem Unguten, das uns der moralische Dämmerschlaf beschert hat, suchen wir nach verbindlichen Handlungsnormen. Das ist ein unbehagliches Unterfangen, weil es uns immer wieder in die Nähe abschreckender Haltungen führt. Wir tun uns schwer mit der Ethik. Ihr Missbrauch durch prüde Triebfeindlichkeit im viktorianischen Zeitalter und später durch Patriotismus und Nationalismus während den Weltkriegen hat uns für ihre zeitgebundene und relative Dimension hellhörig gemacht. Das Ideal (und die Illusion) einer wertfreien, objektiven Wissenschaft tat ein Übriges, um das grundlegende Konzept von Gut und Böse endgültig zu einer naiven Peinlichkeit zu degradieren. Als Therapierende fällen wir häufig Werturteile sowohl über unser eigenes wie auch über das Verhalten unserer Klienten, und es ist gut, wenn das möglichst bewusst geschieht.

Literatur

Schmidt-Lellek, Christoph, Barbara Heimannsberg (Hrsg.) (1995): Macht und Machtmissbrauch in der Psychotherapie. Köln: Edition Humanistische Psychologie.
Welter-Enderlin, Rosmarie (1995): Paare, Leidenschaften und lange Weile. Frauen und Männer in Zeiten des Übergangs. München/Zürich: Piper.

Anschrift der Autorin:
Dr. Katrin Wiederkehr, Hadlaubstr. 76, CH-8006 Zürich

Brigitte Spillmann-Jenny

Replik zum Referat von Katrin Wiederkehr: Geschlechtsspezifischer Umgang mit Macht in der Psychotherapie

Einleitende Bemerkung:

Ich werde in meiner Replik vor allem jene Aspekte hervorheben, die ich präzisieren, ergänzen oder auch kritisieren möchte. Ich suche die kritische Auseinandersetzung, will bewusst mit dem Widerspruch den Dialog in Gang setzen – in Respekt vor der andern Position von Katrin Wiederkehr.

* * *

Macht existiert. Geschlechtsspezifische Unterschiede können ebenso wenig geleugnet werden. Psychotherapie als Ort, wo in den Interaktionen zwischen Patientin und Therapeutin Leben unter dem Vergrösserungsglas sichtbar wird, kann sich weder von Macht noch geschlechtsspezifischen Einflüssen freihalten. Es ist darum unerlässlich, dass wir hier genau und immer wieder neu hinsehen.

Das genaue Hinsehen beginnt bei den Definitionen. Katrin Wiederkehr definiert Macht als »wertneutral« und setzt sie dann gleich mit der aus dem Stausee gewonnenen Energie und mit Kraft. Ist Kraft (Lebenskraft z. B.) wirklich mit Macht gleichzusetzen? Ist Energie nicht die Voraussetzung für Machtausübung? Energie und Kraft sind tatsächlich wertneutral, die Macht hingegen steht immer bereits im Dienste eines Menschen, eines Wertes, einer Sache – oder aber sie genügt selbstmächtig nur sich selbst, ist Macht an sich mit allen zerstörerischen Konsequenzen.

Wo die Macht aber nicht Selbstzweck ist, ist sie an eine Aufgabe oder an ein Ziel gebunden, das allerdings ohne Macht nicht zu erreichen wäre, mit andern Worten: Macht ermöglicht, etwas zu realisieren, das man realisieren will oder muss. Sie ist dabei nur ein selbstverständliches, allerdings unumgängliches Mittel zum Zweck.

Wenn Katrin Wiederkehr von der aktiven Machtausübung sagt, mit ihr würden »die eigenen Absichten, der eigene Wille durchgesetzt«, so muss dies nicht nur im Hinblick auf strukturelle Macht allgemein, sondern ganz besonders im Hinblick auf psychotherapeutischen Umgang mit Macht modifiziert werden: Die Therapeutin, der Analytiker brauchen Macht – nicht um ihre *eigenen* Absichten, ihren *eigenen* Willen durchzusetzen, sondern um sie im therapeutischen Prozess im Sinne der innerseelischen »Absichten«, der existenziellen Bedingungen der Patientin und damit im Sinne des Patientenwohls anzuwenden.

Ein Machtgefälle besteht tatsächlich zu Beginn jeder Therapie; es besteht überall da, wo es Helfende und Hilfesuchende, wo es asymmetrische Beziehungen gibt. Das können wir nicht genug klar und bewusst wahrnehmen – weil es uns nämlich gleichzeitig auch zwingend in Verantwortung einbindet.

Hans Jonas (1984), der in seinem »Prinzip Verantwortung« viel über die ethische Dimension der Machtausübung nachgedacht hat, spricht hier sogar ausdrücklich von der *Pflicht der Macht.* »Das *wofür* (in unserem Falle das Patientenwohl) liegt ausser mir, aber im Wirkungsbereich meiner Macht, auf sie angewiesen oder von ihr bedroht. Ihr setzt es entgegen sein Recht auf Dasein aus dem, was es ist oder sein kann, und nimmt durch den sittlichen Willen die Macht in ihre Pflicht … *Das Abhängige in seinem Eigenrecht wird zum Gebietenden, das Mächtige … zum Verpflichteten*« (S. 174 f., Hervorhebung B. S.). Als Therapeuten sind wir in der Pflicht unserer Patienten, deren »Eigenrecht« bzw. deren seelischer Eigengesetzlichkeit wir uns im therapeutischen Prozess verbindlich unterziehen müssen. Die uns in der Therapie notwendige Macht ist letztlich anvertraute Macht, mit der wir so sorgsam und bewusst wie möglich umzugehen haben.

Begriffe wie Macht und Machtausübung könnten allerdings leicht suggerieren, dass wir uns in der Psychotherapie vorrangig mit »Machbarem« beschäftigen. Als Praktiker wissen wir, dass dies ausdrücklich nicht der Fall ist. Die Ohnmacht des Therapeuten ist oft unübersehbar und gelegentlich schwer erträglich. – Und dies vor allem erweist sich als ein Fallstrick der Macht, denn wer diese Ohnmachtserfahrungen nicht aushalten kann, verfällt gerne mächtigen Schattenaspekten unseres Berufes. Oft freilich holt uns der Machtschatten sehr subtil ein – z. B. mit unseren Möglichkeiten der Deutungsmacht oder in schützender Distanzierung, die alles Misslingen des therapeutischen Unterfangens allein der Pathologie der Patientin anlastet.

Ich kann Katrin Wiederkehr rückhaltlos folgen, wo sie unser ethisches Bewusstsein im Umgang mit Macht schärfen will. Ich höre aber aus ihren Überlegungen zur Macht ein prinzipielles Misstrauen und Unbehagen heraus. Und da wird mir unbehaglich angesichts zahlreicher apodiktischer Wendungen in ihren Ausführungen, wie z. B.:

»Herrschaft bedeutet Ausbreitung der eigenen Macht durch Unterdrückung der Macht des anderen, also Instrumentalisierung des Willens des andern für eigene Zwecke« oder »Wir entstammen alle derselben Dominanzkultur, wir sind alle herrschaftsgeschädigt«. Und der von ihr widerspruchslos zitierte Peter Schmid versteigt sich gar zur Behauptung, Missbrauch der Macht sei Herrschaft. Ich denke, dass wir uns auch als Psychotherapeuten nicht solche Unschärfe im Umgang mit Begriffen leisten dürfen; so weit kann unsere »Definitionsmacht« nicht gehen, dass wir willkürlich Begriffe, die in einer langen hermeneutischen Tradition stehen, einfach aus dem ganzen bisherigen Zusammenhang herausreissen. Herrschaft z. B. hat vielfache Zuordnungen erfahren; sie letztlich einfach als totalitäre Herrschaft zu verstehen, erscheint mir als unzulässige Verkürzung.

Erst recht unbehaglich wird mir aber über weite Strecken bei Katrin Wiederkehrs Erörterungen des geschlechtsspezifischen Aspekts. Wie nur soll ich mit Sätzen umgehen, die wie ein Axiom daherkommen und mich anmuten wie Relikte aus der Frühzeit einer immerhin weit über 100-jährigen Frauenbefreiungsbewegung? Ich spreche hier von Aussagen wie dieser: »Dominantes Verhalten gehört zur männlichen Idealnorm, kooperatives zur weiblichen.« Oder: »Zwischen Mann und Frau ... besteht ein

Machtgefälle«, wobei klar ist: »Der Mann ist mächtiger als die Frau.«

Ich gestehe, ich bin hier polemisch geworden und bin es mit Absicht. Es bereitet mir Mühe zu sehen, dass das berechtigte feministische Anliegen, pervertierte patriarchale Strukturen aufzudecken, sich heute immer mehr in der selben Machtfalle verfängt, die seinerzeit männlicher Dominanz angelastet wurde. Für mich sind Aussagen wie die oben zitierten allzu einseitig und ideologieverdächtig. Nach meiner Erfahrung müssten wir sie aufgrund unserer therapeutischen Einsichten entschieden relativieren.

So wird eine Frau mit einem negativen Mutterkomplex einen Therapeuten nicht einfach zwingend als »mächtiger« erleben, nur weil er ein Mann ist; eine Therapeutin hingegen würde bei ihr sofort ein altes Machtgefüge beleben und entsprechende Ohnmachtsgefühle auslösen. Ebenso kennen wir umgekehrte Beeinflussung des therapeutischen Verhältnisses: Ein Mann, der unter seiner dominanten Mutter litt, wird auch eine Therapeutin in ihrer Machtfülle fürchten. Der geschlechtsspezifische Aspekt prägt in diesen Fällen die Machtverhältnisse zu Beginn der Therapie tatsächlich – allerdings ergibt sich die entsprechende Konstellation nicht aufgrund des »sozialen Konsens der Machtzuschreibung«, sie ist vielmehr eine Auswirkung geschlechtsspezifischer Erfahrungen der persönlich gewachsenen Geschichte der Patientin, des Patienten.

Wie steht es übrigens mit dem geschlechtsspezifischen Aspekt bei gleichgeschlechtlichen Patienten-Therapeutenverhältnissen? Die Auswirkungen der homoerotischen Komponente und das Konkurrenzverhalten zwischen gleichgeschlechtlichen Therapiepartnern kann die Machtfrage ebenfalls wesentlich beleben und belasten. (Eine der verletzendsten Erfahrungen von Machtmissbrauch, die mir in letzter Zeit begegnet sind, hat sich zwischen zwei Frauen abgespielt.)

In der Analytischen Psychologie C. G. Jungs gehen wir davon aus, dass die Geschlechtszugehörigkeit von Analytiker und Patienten die therapeutische Situation mit konstelliert – angehende Jungsche Analytiker und Analytikerinnen müssen in der Regel über Analyseerfahrung bei einem Mann und bei einer Frau verfügen. Jungsche Psychologie geht wesentlich davon aus, dass in jeder Frau auch Männliches und in jedem Mann auch Weibliches mitleben will. Persönlich habe ich das immer als hilfreichen Ansatz erlebt, der es Frauen wie Männern ermöglicht, sich aus starrem Rollendenken zu lösen. Kollektiv erleben wir seit langem einen entsprechenden Entwicklungsprozess, der Männern und Frauen erlaubt, sich menschlich vollständiger zu entfalten, d. h. den je andersgeschlechtlichen Teil in sich auch leben zu dürfen. Welche nachweisbaren Einflüsse diese Entwicklung auf die Psychotherapie hat, bedarf genauer Erforschung.

Ich wünschte mir eine differenzierte Diskussion über geschlechtsspezifischen Umgang mit Macht, die ohne Versatzstücke ideologischer Deutungsmacht und ohne Polemik auskommt. Von Letzterer bin ich selber ja keineswegs frei, während ich in Katrin Wiederkehrs Ausführungen einen wohltuenden Stilwechsel festgestellt habe, wo sie über die Bedeutung des Eros in der therapeutischen Situation spricht – der nichts mit erotisch-sexueller Konkretisierung zu tun hat, welche sie zu Recht als Verrat am Setting und als sexuellen Machtmissbrauch bezeichnet. Mit Eros meine ich liebevolle Bezogenheit, die uns wohl am sichersten davor bewahrt, die uns in der Psychotherapie anvertraute Macht in irgendeiner Weise zu missbrauchen.

Literatur

Jonas Hans (1984): Das Prinzip Verantwortung. Versuch einer Ethik für die technologische Zivilisation. Frankfurt a. M. Suhrkamp.

Anschrift der Autorin:
Dr. phil. Brigitte Spillmann-Jenny, Flühgasse 17, CH-8008 Zürich,
Tel. 0041 1 383 07 47, E-Mail: brigitte.spillmann@bluewin.ch

Maria Teresa Diez Grieser

Die Bedeutung des Geschlechts des Therapeuten in Kinder- und Jugendlichenpsychotherapien

Die im Folgenden von mir dargelegten Erfahrungen und Überlegungen basieren auf meiner klinischen Arbeit mit Kindern, Jugendlichen und Erwachsenen. Ich arbeite psychoanalytisch orientiert, wobei für mich interaktive Aspekte der Beziehungsgestaltung zu meinen Patienten wichtig sind. Meine Reflexionen beziehen sich auf Psychotherapien mit Kindern und Jugendlichen, die ein Jahr und länger gedauert haben. Aufgrund meines eigenen Geschlechts werde ich v. a. über die Dyaden Therapeutin/weibliche Patientin und Therapeutin/männlicher Patient berichten. In meinen weiteren Ausführungen werde ich von Therapeuten und Patienten sprechen, beide Geschlechter einschliessend.

Als Psychoanalytikerin, die eine konstruktivistische Position bezüglich der Übertragung vertritt, verstehe ich diese als eine Kompromissbildung zwischen der Inszenierung unbewusster Konflikte aus der Vergangenheit und den realistischen Reaktionen des Patienten auf die Persönlichkeit, die Interventionen und die Gegenübertragung des Therapeuten. Mein Geschlecht stellt einen unverkennbaren Realitätsanteil dar, der wie jeder andere potenziell Einfluss auf die psychoanalytische Situation nehmen kann. Bereits mit der Überweisung stellt sich die Frage nach dem Geschlecht. Wie in der Literatur beschrieben, mache auch ich die Erfahrung, dass mir als weiblicher Therapeutin deutlich weniger Jungen, männliche Jugendliche und Männer überwiesen werden als weibliche Klientinnen. In den Gesprächen mit zuweisenden Kollegen oder auch mit Bezugspersonen der Kinder und Jugendlichen ist die Frage nach dem geschlechtsspezifischen Zusammenpassen immer wieder ein wichtiger Parameter.

Zwei Konstellationen treten immer wieder auf: Manchmal werde ich als Therapeutin wegen meines Geschlechts begehrt, in anderen Fällen bin ich wegen meiner Geschlechtszugehörigkeit nur zweite Wahl, eigentlich wurde ein männlicher Therapeut gesucht. Unterziehe ich meine Erfahrungen einer eingehenderen Betrachtung, stelle ich Folgendes fest:

Als weibliche Therapeutin werde ich von Zuweisern v. a. gesucht
– für weibliche Jugendliche,
– nach dem Verlust der realen Mutter,
– bei sexuell traumatisierten Kindern und Jugendlichen beiderlei Geschlechts.

Als weibliche Therapeutin bin ich zweite Wahl
– bei Buben allgemein,
– bei männlichen Jugendlichen,
– bei vaterlosen Kindern und Jugendlichen beiderlei Geschlechts.

Nun möchte ich näher auf diese bevorzugten und weniger gesuchten »Paarungen« eingehen.

Weibliche Jugendliche

Psychotherapien mit Jugendlichen beiderlei Geschlechts sind normalerweise durch Widerstandsphänomene geprägt. Diese sind auf innige Weise mit der Verselbständigung, mit der Ablösung von den Eltern und mit den altersspezifischen Ängsten vor Abhängigkeit verbunden. Für beide Geschlechter bringt der Prozess der körperlichen Reifung mit sich, dass sie sich mit der endgültigen Festlegung ihres Geschlechts auseinandersetzen müssen. Wenn ich als Therapeutin mit einer weiblichen Jugendlichen arbeite, so können Identifizierungsprozesse auf der Basis des gleichen Geschlechts einen entwicklungsbeschleunigenden, positiven Effekt haben. Ausserdem können pubertäre Körperveränderungen und die damit einhergehenden Gefühle von den weiblichen Jugendlichen meistens offener mit einer weiblichen Therapeutin besprochen werden (Abb. 1). Andererseits kann die gleichgeschlechtliche Wahl zu Beginn der Therapie die notwendige Entwicklung hemmen, weil regressive Prozesse und eine ausgeprägte Mutterübertragung zunächst das Entstehen von Neuem und somit wichtige Ablösungsschritte verhindern können (Abb. 2). Die Tatsache des gleichen Geschlechts kann dazu führen, dass Grenzen, Differenzen schwerer erkannt werden. Eine weibliche Jugendliche kann es z. B. deshalb einfacher finden, mit einem männlichen Therapeuten über ihre Identitäts- und Trennungskonflikte zu sprechen.

Nach dem Verlust der realen Mutter

Häufig werde ich als weibliche Therapeutin von den Bezugspersonen der Kinder und Jugendlichen männlichen Kollegen vorgezogen, wenn die reale Mutter gestorben oder nicht mehr präsent ist. Dem Kind soll ein Ersatz für den verlorenen Elternteil geboten werden. Diese Konstellation kann die Schmerzen über den Verlust der Mutter schneller erlebbar machen und somit einen positiven Einfluss auf die weitere Entwicklung des Kindes oder Jugendlichen haben (Abb. 3). Wird die Therapeutin allzu stark als Mutterersatz erlebt, so kann dies allerdings verhindern, dass notwendige Gefühle der Wut und der Enttäuschung gegenüber der Mutter, die das Kind oder den Jugendlichen verlassen hat, im therapeutischen Prozess auftauchen und

bearbeitet werden können (Abb. 4). Jugendliche beiderlei Geschlechts wählen in dieser Situation manchmal jedoch gerade einen männlichen Therapeuten, was als Suche nach Identifikation mit dem lebendigen Elternteil interpretiert werden kann.

Bei sexuell traumatisierten Kindern und Jugendlichen beiderlei Geschlechts

Wenn ich als weibliche Therapeutin die Behandlung von sexuell traumatisierten Mädchen und Jungen übernehmen soll, dann treffe ich auf die Erwartung, dass das Kind oder der Jugendliche wegen meines Geschlechts bei mir besser aufgehoben sein werde als bei einem männlichen Kollegen, da mein Geschlecht nicht mit dem des Täters identisch ist. Die bedrohlichen Täterübertragungen sind grundsätzlich tatsächlich weniger beängstigend, weil es dem Kind/Jugendlichen anhand meines realen Geschlechts besser gelingt, Fantasie und Realität zu unterscheiden. Die Täterübertragungen wären bei einem männlichen Therapeuten im Allgemeinen bedrohlicher. In diesen Fällen kann sich das Geschlecht der Therapeutin also zunächst positiv auf den Behandlungsverlauf auswirken, einerseits, weil sich die Therapeutin konsequent mit der Opferrolle identifizieren kann (was den Frauen bekanntlich leichter fällt), zum anderen, weil die Therapeutin nicht in dem Masse wie ein männlicher Therapeut als Verführer erlebt wird. Auf der anderen Seite können in dieser Geschlechterkonstellation sowohl kurz- als auch mittelfristig erhebliche Schwierigkeiten auftreten. Zum einen kann die Übertragung der Erfahrung einer unempathischen Mutter, die das Kind nicht wirksam genug schützen konnte, zu einem massiven Widerstand des Kindes/des Jugendlichen führen, wenn der Hass auf die Mutter so gross ist, dass sich eine positive Übertragung zu einer weiblichen Therapeutin nicht in einer sinnvollen Zeitspanne herstellt. In diesem Falle hätte die Arbeit mit einem männlichen Therapeuten die bessere Wahl dargestellt. Zum anderen ist es für eine weibliche Therapeutin schwieriger, in die Täterposition zu gehen, was eine vollständige Bearbeitung des Traumas erschweren kann (Abb. 5).

Nun möchte ich noch auf die Konstellation eingehen, in der die zuweisenden Kollegen und/oder das Umfeld (Familie, Lehrer usw.) eigentlich einen männlichen Therapeuten für das Kind oder den Jugendlichen gewünscht hatten, die Therapie aber z. B. aus sprachlichen Gründen bei mir als Frau stattfindet. Es geht hier um Psychotherapien von Jungen und männlichen Jugendlichen, in denen das Thema der latenten oder manifesten Vaterlosigkeit eine zentrale Rolle spielt.

Bei Buben allgemein / bei vaterlosen Kindern
und Jugendlichen beiderlei Geschlechts

Viele Kinder betrachten und benutzen den Therapeuten als ein reales Objekt, daneben entwickelt sich aber auch stets eine Beziehung, in der das Kind seine Übertragungen gestalten und unbewusste Konflikte, Wünsche, Ängste und Gefühle in Worte fassen kann. Die Begegnung mit einem männlichen Therapeuten kann bei Buben zunächst Defizite an väterlicher Präsenz kompensieren (Abb. 6). Andererseits dürfte die Frage des realen Geschlechts des Therapeuten in einer Psychotherapie mittelfristig in den Hintergrund treten, geht es doch häufig um die Beziehung zu einem dritten Objekt, das sich von der Mutter deut-

lich unterscheidet (Abb. 7). Die klinische Erfahrung zeigt, dass die Arbeit mit den Bezugspersonen eine wesentliche Voraussetzung für das Gelingen der Behandlung des Kindes ist. Auf der Seite des Therapeuten spielen hier vor allem seine triadischen Fähigkeiten eine wichtige Rolle. Der Therapeut gerät in der Elternarbeit in allen Fällen in ein komplexes Übertragungs-Gegenübertragungsfeld. So kann z. B. die Mutter des  Therapiekindes gegenüber der weiblichen Therapeutin stärkere Neid- und Rivalitätsgefühle entwickeln als gegenüber einem männlichen Therapeuten. Andererseits kann sich beim Fehlen eines realen Vaters zwischen dem männlichen Therapeuten und der Mutter des Therapiekindes eine elterliche Allianz bilden, die den therapeutischen Raum des Kindes beeinträchtigt.

Meine persönliche Erfahrung mit dieser spezifischen Konstellation ist, dass ich als weibliche Therapeutin mit einer triangulierenden Position und mit einem klaren Konzept der Elternarbeit, das den realen Vater mit einbezieht bzw. der abwesenden Vaterfigur bei Mutter und Kind Raum verschafft, zu positiven Behandlungsergebnissen kommen kann (Abb. 8).

Männliche Jugendliche

Wenn männliche Jugendliche eine weibliche Therapeutin wählen, so kann dies bedeuten, dass vor allem die Mutter gesucht wird, dass eine grosse Angst vor dem Neuen besteht, vor genitalen Gefühlen, und dass dies mit einer Therapeutin besser abgewehrt werden kann als bei einem männlichen Therapeuten (Abb. 9). Bei Jugendlichen, die durch sehr negative Beziehungserfahrungen mit dem Vater belastet sind, kann durch die Wahl einer weiblichen Therapeutin eine übermässig negative Übertragung, die den therapeutischen Prozess zerstören könnte, vermieden werden. Das Geschlecht der Therapeutin kann aber auch – z. B. bei der erotischen Übertragung – zu einer Übertragungsverstärkung und Fixierung führen.

Mit folgenden Feststellungen möchte ich abschliessen:

In der therapeutischen Arbeit geht es darum, immer wieder einen Übergangsraum zu erschaffen, in dem Neues entstehen und erprobt werden kann; um eine psychische Bewegung, welche die mütterlichen und väterlichen Identifizierungen integriert und unseren Patienten neue Wege eröffnet.

Das Geschlecht des Therapeuten kann initial – als positiver Faktor oder als Auslöser von Widerstandsphänomenen – einen starken Einfluss auf den therapeutischen Prozess haben. Allerdings neutralisiert sich dieser im »Langstreckenlauf« einer Therapie beträchtlich. Es ist wichtig, dass wir Therapeuten uns mit den geschlechtsspezifischen Elementen in unseren Interventionen und Gegenübertragungsfantasien auseinandersetzen. Wir Therapeuten müssen nicht meinen, wir wüssten schon etwas über unsere Patienten, nur weil wir das gleiche Geschlecht wie sie haben, sondern wir müssen uns immer wieder auf die Individualität des jeweiligen Kindes oder Jugendlichen einstellen.

Ich habe aufzuzeigen versucht, wie komplex die Frage der Bedeutung des Geschlechts des Therapeuten ist und dass simple Verallgemeinerungen nicht möglich sind. Ich möchte deshalb mit der dialektischen Feststellung enden, dass das Geschlecht des Therapeuten einen Einfluss auf den Behandlungsprozess hat und doch zugleich keinen hat.

Anmerkung: Die Zeichnungen sind in Zusammenarbeit mit Claudia Ginocchio, die sie schliesslich ausführte, entstanden.

Anschrift der Autorin:
Dr. phil. Maria Teresa Diez Grieser, Gartenhofstr. 1, CH-8004 Zürich,
Tel. 0041 1/291 47 59, E-Mail: mtdiez@bluewin.ch

Nitza Katz-Bernstein

Replik zum Referat von Maria Teresa Diez Grieser: Die Bedeutung des Geschlechts des Therapeuten in Kinder- und Jugendlichenpsychotherapien

An der letzten Aussage von Frau Diez Grieser möchte ich anschliessen. Je nach Fall, Alter, Entwicklungsthema und Indikation hat das Geschlecht der Therapeutin eine hohe oder aber kaum eine Relevanz. Dazu jedoch einige Ergänzungen, Erweiterungen und Differenzierungen.

Interessant scheint mir dabei die Feststellung, dass bei diesen eher praxeologischen Ausführungen von Frau Diez Grieser der psychotherapeutischen Methoden- und Schulenstreit wenig im Vordergrund steht. Sie bietet hier in ihrem Beitrag aus dem Bereich des Alltags der Kinderpsychotherapie wenig Plattform, um typische methodische Diskussionen auszutragen. Für solche, die es bei dieser Replik erwartet haben, mag das enttäuschend sein. Dies scheint jedoch ein bekanntes Phänomen der Kinderpsychotherapie zu sein. Kinder zwingen uns mit der Dringlichkeit der Themen und mit ihrer direkten Art oft zur schlichten Pragmatik, die sich angesichts unterschiedlicher theoretischer Hintergründe weniger unterscheiden, als zu erwarten wäre. Schon Reukauf (1985) stellt fest, dass die Praxis der Kinder- und Jugendlichentherapie der unterschiedlichen Richtungen sich weniger unterscheidet, als man vermutet. Daher werde auch ich weniger auf theoretischer und methodischer Ebene argumentieren, sondern auf einige praktische Aspekte eingehen und auf theoretische Fragestellungen lediglich punktuell hinweisen.

Ich möchte hier zunächst zwei Entwicklungsaufgaben der Kinder- und Jugendlichenpsychotherapie bezüglich des Geschlechts ausdifferenzieren:
– Übertragungen sowie reale Interaktionen und Wünsche, die prä-sexuell sind, die Care-Giving, Bindungsverhalten, Parenting,

Containing usw. betreffen. Sie haben mehr mit der Verinnerlichung von identitätsstiftenden, protektiven Interaktionen zu tun und darauf aufbauend mit Ablösung und Autonomie. Hier sind mehr die mütterlichen bzw. väterlichen Qualitäten gefragt und der therapeutische Umgang mit ihnen.
– Übertragungen, Identifizierungen, Rollen und Modelle der Geschlechterrolle und der sexuellen Identität. Diese bedingt die Zuwendung zur sozialen Triangulierung, zur Ausprägung sozialer Rollen. Bei solchen Indikationen jedoch ist der Umgang der Therapeutin mit dem geschlechtlichen und sexuellen Aspekt gefragt.

Normalerweise sind die zwei Entwicklungsaufgaben von Entwicklungsstand und Alter her getrennt. Ab etwa dem 10.–12. Lebensjahr werden, durch die Zuwendung zur Peer-Group, die mütterlich- und väterlich-geprägten Wünsche nach Bindung und Zuwendung durch erwachsene Personen abgewehrt, sublimiert und neu organisiert.

Diese Trennung erlaubt uns zwei getrennte therapeutische Aufgabenbereiche zu definieren.

Als Randbemerkung: Das Fatale bei Kindern, die sexuelle Übergriffe erlebt haben, ist die Vermischung der zwei Ebenen: eine zu frühe Sexualisierung bei einer real vorhandenen Abhängigkeit von elterlicher Zuneigung, Schutz, Versorgung, Grenzensetzung und Beachtung. Daher scheint mir diese Trennung auch therapeutisch sinnvoll zu sein. Gerade diese Kinder sollten die Erfahrung einer »Beelterung« machen, die frei ist von sexuellen Ansprüchen, eine Schutzzone vor diesen später angesagten Entwicklungsaufgaben erfahren. Bei Therapien mit solchen Kindern ist aber noch mehr gefragt: bekanntlich werden solche Kinder die Verführbarkeit des Therapeuten, sich in sexualisierte Atmosphären und Themen verwickeln zu lassen, überprüfen. Hier ist eine bewusste Haltung, die sinngemäss besagt: »Es gibt Themen zwischen Kindern und Erwachsenen, die viel interessanter und relevanter sind als das Geschlecht und die Sexualität.« Diese Wahrnehmung ist m. E.

mindestens so wichtig wie die sonstigen traumatischen Übertragungen, die sich dann geschlechtsspezifisch als günstig oder ungünstig erweisen.

Bei dem ersten Thema, dem Thema der Beelterung, erlebe ich als Therapeutin, dass diese Wünsche abgewehrt werden oder direkt immer wieder im Vordergrund stehen. Hier verstehe ich, bei unsicheren Bindungen, meine Aufgabe als gratwandernde, »desillusionierende« und dadurch symbolisierungsstiftende mütterliche Person. In dieser Rolle trage ich durch gewisse altersgemässe und sozialisierende Enthaltsamkeit, jedoch gepaart mit Empathie, gegenseitigem Respekt und Akzeptanz, zur Förderung einer eigenen, innerlich repräsentierten, symbolischen Organisation einer hinreichend guten mütterlichen Figur bei. Und nicht nur, um Rivalität zur Mutter zu vermeiden. Da treffen wir leider auch Defizite an, die nicht mehr, auch nicht durch das Zulassen eines regressiven Verhaltens, nachzuholen sind. Es entsteht die Aufgabe, dabei zu helfen, mit den Entbehrungen zu leben und weniger die Verheissung des Nachholens zu schüren. Das erlaubt dem Kind die altersgemässe Ablösung und fördert die Zuwendung zur Peer-Group.

Bei der zweiten Aufgabe, der Zuwendung zur geschlechtlichen Identität, sehe ich eine weitere aktuelle Aufgabe als Therapeutin. In der Arbeit mit Mädchen in der Pubertät oder mit jugendlichen Frauen beobachte ich oft, wie die ganz pragmatische Beschäftigung mit Kochen und Backen, Mode, Schönheitsidealen, Eigenpflege, Wohn- und Ernährungsgestaltung heutzutage zu einem wichtigen therapeutischen Arbeitsbereich für Therapeutinnen geworden ist. Es ist die Alternative zur Mutter, deren Rat und Modell wegen der Ablösung und der eigenen Identitätsfindung (manche Mütter haben eigene Defizite in diesem Bereich oder haben eine ganz andere Entwicklung erfahren, sind differenzierte und eigenständige Persönlichkeiten, die aber weniger mit Häuslichkeit zu tun haben) temporär oder über längere Jahre nicht akzeptiert werden kann. Manche Mütter vermögen nicht, vielleicht auch aus eigener Opposition zur herkömmlichen Mutterrolle, die eigenen Neigungen der Mädchen zu bejahen, zu entwickeln und zu bestätigen. Es ist hier zu erwähnen, dass ich oft vorpubertäre Jungen erlebt habe, die leidenschaftlich kochten, einen Raum gestalteten und pflegten. Im Jugendlichenalter scheinen aber diese Fähigkeiten und Neigungen abgewehrt zu werden, da sie nicht »cool« und nicht »in« sind.

Bei männlichen Jugendlichen meine ich oft zu spüren, dass die nüchterne, abgegrenzte, klare, bewusst nicht bemutternde, jedoch wertschätzende, verstehende, aber auch grenzensetzende und respektierende Haltung der Therapeutin gegenüber männlichen pubertierenden Kindern und Jugendlichen sexuelle Wünsche und Fantasien auf eine gute Weise zu sublimieren hilft, und dadurch dazu verhilft, später zu einer Entlastung von überhöhten sexuellen Erwartungen in den Beziehungsgestaltungen beizutragen, unter dem Motto: »Mit Frauen kann man noch mehr anfangen, als sie nur zu begehren.« Oder in der Umkehrung: »Ich bin für eine Frau auch interessant, auch ohne sexuell begehrt zu sein.«

Den Aussagen über »Therapeutin zweiter Wahl« von Frau Diez Grieser kann ich mich nicht anschließen, da ich sie nicht erlebt habe, auch nicht in den vielen Supervisionen, die ich leite. Vielleicht, weil es *für mich* kein Thema ist oder weil ich sie als Übertragung nicht wahrhaben will? …

Zum Abschluss noch ein Fall aus der Supervision der Kinder- und Jugendlichenpsychotherapie, der die Wichtigkeit eines Therapeuten in einem systemischen Kontext illustrieren soll. Manchmal, wie Frau Diez Grieser auch sagt, sind wir nicht fähig, als Therapeutin oder Therapeut, den anderen zu ersetzen, was ebenfalls dann geschieht, wenn Themen sehr spezifisch sind und indikatorisch mit Geschlechterrolle und Identität zu tun haben.

*Kinder führen oft die Arbeit weiter,
die die Familie nicht leisten kann*

Ein begabter Kinderpsychotherapeut berichtet in der Supervisionsgruppe über Patrick (7 J.). Patrick ist ein gescheiter, vernünftiger Junge, der von der Lehrerin wegen seiner heftigen, zerstörerischen

Wutausbrüche in der Schule zur Psychotherapie angemeldet wurde. Der Therapeut erzählt, dass bei Patrick eine Hexenpuppe eine scheinbar wichtige Rolle spiele, die er, der Therapeut, nicht ganz nachvollziehen könne. Patrick nähme die Hexe, stelle sie auf eine Sprossenwand und schiesse mit der Armbrust Pfeile auf sie, so dass sie nach vorne kippe und zu Boden falle. Dies wiederhole er unzählige Male mit Ernst und Vergnügen und fordere den Therapeuten auf, das Gleiche zu tun. Wenn die Mutter ihn abhole, rufe Patrick sie herein, damit sie zuschaue, wie die Hexe von ihm und dem Therapeuten abgeschossen wird, was dem Therapeuten z. T. peinlich sei.

Ich frage den Therapeuten, was bei ihm denn Unbehagen verursache. Er hat das Gefühl, der Junge müsste ihn irgendwie als »böse Übertragungsfigur« ansehen und anfangen, ihn als Ziel der Aggression zu benutzen, damit er sie verarbeiten kann. Schliesslich wird ja von ihm erwartet, dass die Wutausbrüche verschwinden. »*Das ist Ihr therapeutischer Plan, er scheint aber nicht dem therapeutischen Plan des Jungen zu entsprechen!*«, erwidere ich. Der Therapeut und die Gruppe lachen.

Ich frage nach der Familie. Der Therapeut schildert das System wie folgt: Die Mutter sei robust, gross, lebhaft und dominant. Der Vater sei nett, einen Kopf kleiner als die Mutter, nehme alles »nicht so ernst«, scheine in die Erziehung der Kinder wenig involviert zu sein und sei viel abwesend. Die Mutter überbehüte Patrick, halte ihn klein und traue ihm wenig zu. Meine Frage, ob er meine, dass der Vater der Mutter Grenzen setzen könne, verneint er nachdenklich.

Neulich, beim »Helfer-Spiel« (Tausch & Tausch, 1991), in welchem problematische Situationen abgebildet sind, berichtet der Therapeut, darauf habe er Patrick aufgefordert, ein Bild auszusuchen. Patrick suchte das Bild eines kleinen Jungen aus, der dem Ball nachrennt und an den Rand eines tiefen, abgründigen Loches gerät. Daneben steht ein großer Junge, der dies beobachtet. Wir überlegen, ob dies der therapeutische Auftrag des Jungen sein kann. Der Therapeut soll den Jungen vor Gefahren schützen, die er nicht überblicken kann. »*Kann das sein, dass er Sie als Modell erfährt und gebraucht, wie man einer Frau Grenzen setzt, wenn sie böse und bedrohlich ist?*«, frage ich.

Wir sprechen in der Gruppe darüber, dass J. Willi (1991) erwähnt, dass kleine Jungen für ihre Identitätsentwicklung die Erfahrung machen müssen, dass ein Vater der Mutter Grenzen zu setzen vermag, um ein Muster für die Relativierung der Macht der ihnen überlegenen und gefürchteten Mutter zu haben. Genauso bräuchten Mädchen ein Muster für die Relativierung der Autorität des Vaters durch die Mutter.

Der Therapeut erinnert sich erstaunt an die Weiterentwicklung des Spiels in der vorherigen Stunde, über die er vorher nicht berichtet hatte. Etwas scheint ihm erst jetzt klar zu werden:

Zunächst versuche der Junge, einen Henkersknoten mit einem aufgehängten Seil zu fertigen, um die Hexe aufzuhängen. Als ihm nach einigen Anstrengungen der Knoten gelang, wandelte er das Seil zu einer Seilbahn um, der Therapeut müsse dann die Hexe, am Seil befestigt, hin und her fahren, während Patrick den Rhythmus dazu mit kräftigen Trommelschlägen angebe ...

Wir alle lachen, eine heitere, warme Atmosphäre breitet sich in der Gruppe aus.

Wir sprechen darüber, wie klug doch *die Kinder sich aus Beziehungen oft das holen, was sie für ihre Progression brauchen*, und wie viel Vertrauen Patrick seinem Therapeuten bereits entgegenbringt.

Wird Kindern die nötige Stütze durch eine vertrauensvolle Beziehung gegeben, so können sie die Abhängigkeit von den Eltern relativieren. Dadurch können sie es sich leisten, Missstände wahrzunehmen, sie auszudrücken und dadurch zu bearbeiten, dass sie Kompromiss-, Ersatz- und Kompensationslösungen suchen und finden, damit sie ihre eigene Entwicklung fortführen können. Dadurch führen sie oft die Arbeit weiter, die die Familie aus Angst, Widerstand, widrigen Gegebenheiten oder Unvermögen nicht leisten kann.

Durch die geleistete Weiterentwicklung und Stärkung der Kinder wird das Familiensystem in Bewegung gebracht. Die Mutter von Patrick kann zwar Patricks Problematik zunächst als Problem der Lehrerin abtun, ihr Leidensdruck wird jedoch wachsen, wenn Patrick sich ihrer Macht entzieht, nicht mehr immer vernünftig und brav bleibt, anfängt, sich mit seinem Bruder zu streiten, oder wenn der Bruder zum Problemkind wird. Sein Symbolspiel gibt eine gute Prognose her: Im Spiel bleibt seine Aggression nicht unkontrolliert, vernichtend, wie in seinen bisherigen Wutausbrüchen (es wurde von der Mutter zu Beginn der Therapie berichtet, dass Patrick während seiner Wutausbrüche das Mobiliar beschädige, und von der Lehrerin, dass bei einem Versuch in der Klasse, durch Festhalten das Mobiliar vor seinem Zorn zu schützen, Patrick ihr einen Zahn ausgeschlagen hätte). Das therapeutische Spiel zeigt eine Entwicklung in Richtung Kompromisslösung: Die Hexe wird im weiteren Verlauf des Spiels nicht vernichtet, sondern es vollzieht sich ein Rollenwechsel zwischen Patrick und der mächtigen Frau – sie muss nach Patricks Trommel tanzen, während ein erwachsener, ihm wohlgesonnener Mann, der ihr Grenzen zu setzen vermag, über ihre Schritte wacht ... Damit kann er seine innerpsychische Organisation« oder die »Narrative« über die Mann-Frau-Verhältnisse neu gestalten und benutzt dazu den Therapeuten.

Hätte Patrick keine Therapie durch einen alternativen Mann erfahren, auf den er die Fähigkeit, einer Frau Grenzen zu setzen, übertragen konnte, hätte er warten müssen, bis sein Vater dies mühsam durch eine Familientherapie gelernt hätte, wenn es überhaupt je dazu gekommen wäre.
(Aus: Katz-Bernstein, 2000, S. 85 ff.)

Literatur

Katz-Bernstein, N.: Kinderzentrierte Therapie und systemische Therapie – Paradox, Ergänzung oder Substitution. In: Beratung Aktuell. Zeitschrift für Theorie und Praxis der Beratung. Junfermann, Paderborn, 2000.
Reukauf, W.: Kinderpsychotherapien: Schulenbildung, Schulenstreit, Integration. Basel: Schwabe & Co. AG, 1985, zweite ergänzte Auflage.
Tausch, A. und R. Tausch: Erziehungspsychologie. Hogrefe, Göttingen 1991.
Willi, J.: Die Bedeutung des Kindes für die Entwicklung der Eltern. Vortrag beim 2. Zürcher Kinder- und Jugendpsychiatrischen Symposium: »Neuere Erkenntnisse in der Familiendiagnostik und Familientherapie«, 15. Juni 1990.

Anschrift der Autorin:
Prof. Dr. Nitza Katz-Bernstein
Dienstlich:
Universität Dortmund, Fakultät Rehabilitationswissenschaften,
Emil-Figge-Str. 50, D-44221 Dortmund,
Tel.: 0231 755 45 70 / 0231 755 29 86.
Privat:
Hüttemannstrasse 67, D-44137 Dortmund, Tel.: 0231 82 36 34
Im Füchsli 1, CH-8180 Bülach, Tel.: (0041) 01 860 94 61

Gerd Rudolf
Gibt es nachweisbare Einflüsse der Geschlechtszugehörigkeit in der Psychotherapie?

1. Einleitung: Die Genderthematik

Das Thema Gender, zu deutsch: »Einfluss der Geschlechtszugehörigkeit«, wird in der Literatur in grosser Breite und in vielen Zusammenhängen diskutiert. Man könnte sich eigentlich über die Flut der Veröffentlichungen zum Genderthema in den letzten Jahrzehnten wundern, weil doch die Zugehörigkeit zu einem der Geschlechter (die Geschlechtlichkeit) ein ebensolches a priori darstellt wie das Leben in einem Körper (Körperlichkeit) oder das Existieren in der Zeit (Zeitlichkeit). Aber mehr als Körperlichkeit und Zeitlichkeit beinhaltet die Geschlechtszugehörigkeit eine konflikthaltige Polarisierung; man ist »Mann *oder* Frau«, die Geschlechtlichkeit ist eine Zweigeschlechtlichkeit.

Zwei können versuchen, in einer Symbiose eins zu werden, dann ist das Problem fürs Erste gelöst. Aber zwei können sich auch gegeneinander stellen, ihr Anderssein betonen, um die Vorherrschaft kämpfen und anderes mehr. In jedem Fall müssen sie ihr Verhältnis zueinander definieren. Hier ist eine Quelle der reichhaltigen Genderliteratur: Aus der Sicht der Frauen war es an der Zeit, das Verhältnis neu zu definieren, nachdem über eine geschichtlich lange Epoche hinweg die Männer eine gottgegebene Vorherrschaft beanspruchten (»So ist denn der Mann der Abglanz Gottes und das Weib der Abglanz des Mannes«). Dieser Vorrang ist verbunden mit der Definitionsmacht. Diese zu haben, heisst, festlegen können, was Wirklichkeit ist. So hat z. B. ein männlich positivistisches Wissenschaftsverständnis den Untersuchungsgegenstand Frauen aus der Beobachtungsperspektive von Männern gesehen und dabei allerlei merkwürdige Befunde zur biologisch fundierten Weiblichkeit erhoben. In kritischer Abgrenzung dazu betont eine feministisch postmoderne Sicht, dass sexuell-körperliche Identität eine

Konstruktion sei auf der Grundlage sozialer Normen, ferner, dass hier körperlich sexuelle Identität benutzt wurde, um soziale Ordnungen im Namen der Natur zu legitimieren. Das heißt mit anderen Worten, es wurden soziale Machtverhältnisse zwischen den Geschlechtern als Ausdruck naturgegebener Fakten interpretiert bzw. fehlinterpretiert (v. Braun, 2000).

Ist also Geschlechtsidentität der Ausdruck von genetisch-biologischen Anlagen oder die Folge von kulturellen Konventionen oder anders formuliert: Wie hängen Gender und Sexualität zusammen? Dieser Diskurs ist in der Tat potenziell endlos, weil mit Sicherheit beide Einflüsse wirksam sind. Die Diskussion wird häufig mehr essayistisch als wissenschaftlich geführt, so dass kürzlich in der »Frankfurter Allgemeinen Zeitung« die Formulierung zu lesen war: »Gender studies und andere Formen intellektueller Frivolität.«

Im Folgenden soll der eher nüchternen Frage nachgegangen werden: Welche Auswirkungen hat es für die Psychotherapie, wenn eine Patientin oder ein Patient von einer Therapeutin oder einem Therapeuten behandelt wird?

Dabei werden vier Themen beleuchtet:
– Was unterscheidet Patienten und Patientinnen?
– Wie verhalten sich Männer und Frauen?
– Was kennzeichnet Psychotherapeutinnen und Psychotherapeuten?
– Wie entwickeln sich Psychotherapien unter dem Geschlechtseinfluss?

Zum ersten Thema der geschlechtsspezifischen Störungen werden einige der wohlbekannten Fakten aus der Literatur resümiert. Als Quellen werden verwendet: Der Sammelband von Frank (2000): Gender and its effects on psychopathology, eigene Studien, z. B.: Psychogene Störungen bei Männern und Frauen (Rudolf und Straatmann, 1989), die Langzeitstudie von Esser et al. (2000) an Kinder und Jugendlichen, der Überblick von Riecher-Rössler (2000).

2. Symptome, Störungen und Krankheitsverhalten

Frauen *haben* mehr körperliche Symptome (z. B. Kopfschmerz, Schwindel, Schlafstörungen, Unterbauchschmerzen). Bei genauer Betrachtung *äussern* Frauen mehr Symptome und geben eine stärkere Ausprägung der einzelnen Symptome an. Dies wiederum übersetzt kann heissen, dass sie ein stärkeres Klageverhalten und Hilfesuchverhalten erkennen lassen. Diese Erfahrung hat sich auch in diagnostischen Instrumenten niedergeschlagen. Wir haben unser Persönlichkeitsinventar PSKB-SE geschlechtsnormiert, weil Frauen in fast allen Skalen höhere Werte erzielen. In der Skala »Somatic Symptoms Index« (Escobar) liegt der cut-off point für Männer bei 4 geklagten körperlichen Beschwerden und für Frauen bei 6 körperlichen Beschwerden.

In der medizinischen und psychotherapeutischen Versorgung wird erkennbar, dass Frauen mehr Medikamente erhalten und wohl auch einnehmen, darunter Schmerzmittel und Psychopharmaka und dort speziell Tranquilizer.

Schliesslich ist es seit langem bekannt, dass Frauen in klinisch-therapeutischen Institutionen stets die Überzahl bilden (Abb. 1).

	N	Frauen	Männer
Studie 1			
Psychotherap. Univ.-Poliklinik	193	66 %	34 %
Psychotherap. Ambulanz	422	60 %	40 %
Studie 2			
Psychoanalytische Praxen	147	69 %	31 %
Psychotherap. Univ.-Poliklinik	115	57 %	43 %
Psychotherap. Univ.-Klinik	29	65 %	35 %
Städt. Kliniken (Konsiliar)	207	66 %	34 %
Psychosomat. Fachklinik I	32	66 %	34 %
Psychosomat. Fachklinik II	90	74 %	26 %
Psychiatr. Univ.-Poliklinik	119	65 %	35 %

Abb. 1: Geschlechterverteilung in den Institutionen
(Rudolf und Straatmann, 1989)

Bezüglich der *psychischen Störungen* werden vom Jugendalter an bei Frauen mehr emotionale Störungen, d. h. Depressionen, Ängste und somatoforme Beschwerden, beschrieben, während bei Männern mehr dissoziale und hyperkinetische Störungen beobachtet werden.

Man geht davon aus, dass Männer aus biologisch hormonalen Gründen, aber wohl auch durch Sozialisation verstärkt, ein höheres Mass an Aggressivität haben, wodurch ein externalisiertes Verhalten begünstigt wird, welches wiederum den so genannten expansiven Störungen (antisoziale, hyperkinetische Symptome) Vorschub leistet (Verhältnis weiblich zu männlich 1 zu 4,7).

Frauen äussern mehr Symptome
Frauen geben stärkere Symptomausprägung an
Frauen bekommen mehr Medikamente (Psychopharmaka)
Frauen zeigen mehr emotionale (introversive) Störungen:
– Depression
– Angst
– somatoforme Störungen
– Essstörungen
– posttraumatische Störungen.

Männer zeigen mehr expansive Störungen (antisoziale, hyperkinetische Störungen):
z. B. schizoide, antisoziale Persönlichkeitsstörung, sexuelle Verhaltensabweichungen.

Abb. 2: Symptome, Störungen und Krankheitsverhalten

Erklärungshypothesen besagen, dass bei Frauen die geringere Verfügbarkeit über Aggressionen, verstärkt durch eine Sozialisation zu gelernter Hilflosigkeit und Zurückhaltung von Aggressivität, eine Entwicklung zur Problematisierung und Verhaltenshemmung und damit das Auftreten depressiv-ängstlicher Entwicklungen begünstigt. Die so genannten introversiven Störungen (depressive Symptome, Angstsymptome und somatoforme Beschwerden) finden sich bei Frauen und Männern im Verhältnis 3 zu 1. Diese Entwicklung wird bereits in der Adoleszenz deutlich und erstreckt sich in das junge Erwachsenenalter hinein. Betrachten wir die Verteilungen der *Diagnosen*, so zeigen diese bei Frauen die schon erwähnte Häufung der Depression, natürlich auch der Essstörungen, neuerdings auch der posttraumatischen Störungen, bei den Männern eher schizoide und antisoziale Persönlichkeitsstörungen und sexuelle Verhaltensabweichungen. Der neurotische *Konfliktverarbeitungsmodus* wird bei Frauen eher hysterisch und depressiv, bei Männern eher als zwanghaft und schizoid eingeschätzt.

Wenn wir uns mehr auf die *Lebensproblematik* konzentrieren, so konnten wir mit dem Instrument PSKB-Fremdeinschätzung drei Dimensionen beschreiben, die bei Frauen eine größere Rolle spielen als bei Männern:
1. Der Faktor »Scheitern in Beziehungen« (Frauen reagieren auf Beziehungsverlust mit Enttäuschung, Hilflosigkeit, Anklammern und Erkrankungen).
2. Der Faktor »Enttäuschungsprotest« (Frauen zeigen affektiv mehr Ärger, Neid, Gekränktheit, Benachteiligungsgefühle, Anspruchlichkeit und verstärkte Zuwendung auf das eigene Kind).
3. Der Faktor »Depressive Ohnmacht« (Frauen reagieren stärker als Männer mit depressiver Resignation).

Interessant ist die Berücksichtigung des *Lebensalters*. Der Enttäuschungsprotest zeigt bei Männern einen Gipfel in jungen Jahren und fällt danach ab, während das Thema bei Frauen mit zunehmendem Lebensalter gewichtiger wird (Abb. 3a).
Das Thema »Scheitern in Beziehungen« spielt bei Frauen in jedem Alter die größere Rolle (Abb. 3b).
Als *Fazit* können wir den Befund festhalten, dass Frauen mehr Engagement für Bindung und Beziehung aufweisen, ferner einen stärkeren emotionalen Ausdruck und ein ausgeprägteres Hilfesuchverhalten. Männer zeigen ein stärkeres Bemühen um Autonomie und Dominanz.

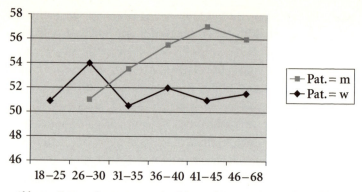

Abb. 3a: »Enttäuschungsprotest« in Abhängigkeit von Alter und Geschlecht

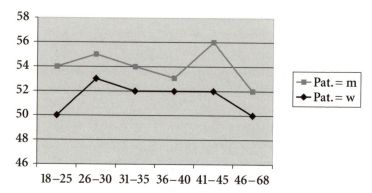

Abb. 3b: »Scheitern in Beziehungen« in Abhängigkeit von Alter und Geschlecht

Wenn Frauen scheitern und krank werden, tun sie es in einem hohen Masse im Kontext der Partnerschafts- und Familienprobleme. Diese krankheitsauslösende Konfliktsituation ist bei ihnen bei weitem die häufigste und doppelt so häufig wie bei Männern. In unserer Berliner Studie (Grossstadtpopulation) spielten dabei soziale Faktoren wie frühe Eheschliessung, frühes erstes Kind, nachfolgende Ehescheidung und soziale Notlagen durch Alleinerziehung eine wichtige Rolle.

Unsere Untersuchungen über die *biografischen Belastungen* von 400 Psychotherapiepatienten haben für weibliche und männliche Patienten deutlich unterschiedliche Belastungsakzente erkennen lassen. Auf soziale Belastungen und Katastrophen in der Kindheitsfamilie reagierten die krankwerdenden *Frauen* mit körperlichen Beschwerden und depressiv-ängstlichen Beziehungsproblemen. Im Gegensatz dazu reagierten *männliche Patienten* weniger auf soziale Notlagen als auf die emotionalen Spannungen in der Elternfamilie und entwickelten eine Symptomatik im Bereich der sozialen Integration und der Leistungsfähigkeit in Verbindung mit narzisstisch anspruchsvollen Haltungen.

Es scheint also so zu sein, dass die Geschlechtszugehörigkeit, sei es die biologische oder soziologisch verankerte Geschlechtsrolle, dazu führt, dass Jungen oder Mädchen für frühe familiale Belastungen unterschiedlich vulnerabel sind. Die stärker beziehungsabhängigen Mädchen werden in sozialen Notlagen der Familie überfordert, parentifiziert oder traumatisiert und in eine Entwicklung gedrängt, die ihre Autonomie- und Autarkieentwicklung massiv zu kurz kommen lässt. Die Jungen werden in konfliktreichen Elternfamilien narzisstisch aufgebläht und erhalten zu wenig Struktur für ihr Leistungs- und Sozialverhalten (Motzkau und Rudolf, 1997, Rudolf und Motzkau, 1997).

3. Geschlechtsspezifische Beziehungsthemen

Frauen wird allgemein mehr Engagement für Bindung und Beziehung und mehr Bedürfnis nach emotionalem Ausdruck und Austausch zugeschrieben, während bei Männern verstärkt das Bemühen um Autonomie und Dominanz gesehen wird.

Grande et al. (1992) aus unserer Arbeitsgruppe konnten diese Akzentsetzung bestätigen, als sie die Eröffnungssätze von 23 klinischen Interviews mit Hilfe des SASB untersuchten. Dabei liessen weibliche Patienten in den Aussagen der ersten 1–3 Minuten einen deutlichen Beziehungswunsch erkennen, der gleichwohl durch negative Erfahrungen geprägt war, d. h., dass die Patientinnen sich enttäuscht, gekränkt, vernachlässigt, herabgesetzt fühlten und deshalb Klagen, Beschuldigungen und Vorwürfe äusserten. Das initiale männliche Beziehungsangebot dagegen war es, seine Objekte, den Untersucher, die Ärzte generell oder seine Symptomatik zu kontrollieren und sich selbst der Kontrolle der Objekte zu entziehen.

Eine Studie von Joraschky (2001) bestätigte diesen Befund, indem sie zeigte, dass Psychotherapiepatienten (die 60–75 % Frauen sind) ganz überwiegend ein zentrales Beziehungsmuster zeigen, welches durch starke Bedürfnisse nach Sicherheit und haltgebenden guten Beziehungen bzw. durch die Befürchtung von Enttäuschung und Verlust geprägt ist. Zugleich konnte aber auch der Vergleich mit Nichtpatienten zeigen, dass es sich dabei um ein patiententypisches Muster handelt; denn bei Nichtpatientinnen steht dieses Thema der Beziehungsbedürftigkeit nur bei 30 % an erster Stelle.

Was geschieht nun, wenn die so verschiedenartigen Geschlechter zueinander in Beziehung treten? Willi (2001) schildert das Risiko geschlechtstypischer Missverständnisse. Frauen erwarten in Beziehungen vor allem Kommunikation, emotionale Verbundenheit und Angenommenwerden. Männer suchen nach Lösungen, Fakten und Hierarchisierungen. In diesen ihren Ausrichtungen haben beide Geschlechter das Risiko, sich vom Gegengeschlecht missverstanden zu fühlen: Männer empfinden sich von Frauen leicht emotional eingefangen, verwickelt und sehen die Notwendigkeit, sich dagegen zu wehren. Frauen haben das Risiko, sich von Männern nicht verstanden und emotional vernachlässigt zu fühlen, und begründen daraus die Notwendigkeit, sich dem Mann – notfalls mit Vorwürfen und Klagen – emotional zu verdeutlichen.

Der populärste Vorwurf von Frauen an Männer lautet: »Du hörst mir gar nicht richtig zu.« Das ist auch weiter nicht verwunderlich, weil nach den Ergebnissen einer amerikanischen Studie von Lurito die Gehirntätigkeit bei den meisten Männern auf die linke Gehirnhälfte, dem Zentrum der Sprachverarbeitung, konzentriert ist, d. h., Männer beschränken sich auf das nach ihrer Meinung Wesentliche der Mitteilung. Bei Frauen wird dagegen auch die rechte Hemisphäre mit aktiviert, so dass beim Zuhören auch Fantasie und räumliche Wahrnehmung einsetzen. Dazu passend hat der amerikanische Kommunikationsforscher Ross Buck zeigen können, dass Frauen auch die besseren Sender sind, d. h., sie sind mimisch expressiv eindeutiger, und umgekehrt sind Männer die schlechteren Empfänger, d. h., die Güte gelungener Kommunikation resultiert nur zu wenig Prozent aus der männlichen Empfängerqualität. Ein weiterer bemerkenswerter Befund von Ross Buck zeigt aber auch, dass die Eingespieltheit der Interaktionspartner, d. h., die Güte ihrer Beziehungen, einen großen Teil der gelungenen Kommunikation begründet.

Solcher Art sind die Befunde, die wir aus der Literatur entnehmen. Wir können sie akzeptieren oder bezweifeln, nachdem im Verlaufe der Zeit deutlich wurde, dass wissenschaftliche Schlussfolgerungen möglicherweise auch durch das Geschlechtsrollenverständnis der Forscher und Forscherinnen mitbestimmt werden. Beispiele dafür finde ich in der Biologie besonders anschaulich: Seit diese mehr und mehr auch von Biologinnen erforscht wird, verändert sich das Bild von Männlichkeit und Weiblichkeit im Tierreich. Während die männlichen Biologen betont hatten, dass es die Männchen sind, die die Weibchen erobern, besitzen und in Anspruch nehmen, konnten Biologinnen zeigen, dass die Männchen mit einem riesigen Werbungsaufwand versuchen müssen, die Aufmerksamkeit der Weibchen zu gewinnen, und dass sie von diesen anhand ihrer Qualitätsmerkmale ausgesucht und zur Fortpflanzung zugelassen werden.

4. Patienten und Patientinnen treffen auf Psychotherapeuten und Psychotherapeutinnen

Es konnte bisher gezeigt werden, dass Frauen und Männer in vielen Bereichen sehr unterschiedlich erleben und dass diese Unterschiedlichkeiten bei Patientinnen und Patienten nochmals eine Zuspitzung erfahren. Was ist in diesem Zusammenhang über Psychotherapeuten bekannt? Eine Arbeit von Müller (2001) diskutiert, bezugnehmend auf eine Untersuchung von Oxenstein (1991), Daten zur Beziehungsgestaltung von PsychotherapeutInnen. Diese sind im Vergleich zu anderen akademischen Berufsgruppen am seltensten verheiratet (z. B. Lehrer 88 %, alle Psychotherapeuten 44 %, Psychotherapeutinnen 26 %). Müller sieht darin Hinweise, dass angehende oder fertige Psychotherapeuten mehr Mühe mit verbindlichen Partnerschaften in Form der Ehe haben als Angehörige vergleichbarer Berufsgruppen. Vielleicht haben sie aber auch mehr Mut zu alternativen Beziehungsformen oder zur Beendigung unbefriedigender Beziehungen. Müller fragt sich auch, ob jemand, der Nähe wünscht, aber Mühe damit hat, möglicherweise Psychotherapeut wird. Das oben erwähnte starke Bedürfnis nach verlässlichen Beziehungen, welches Patienten auszeichnet, bringt so viele Beziehungsaspekte in die psychotherapeutische Berufswelt, dass man sich womöglich die Mühe privater Realbeziehung ersparen kann. Bekanntlich stellt die Unterbringung eigener Beziehungswünsche in therapeutischen Beziehungen ein wichtiges Berufsrisiko der Psychotherapeuten dar.

Es soll nun untersucht werden, was geschieht, wenn Frauen und Männer sich in Psychotherapie zu männlichen und weiblichen Therapeuten begeben. Zu diesem Zweck haben wir die Daten aus früheren eigenen Studien aufgegriffen, es handelt sich um 615 Patienten der Berliner Ambulanzstudie, 739 Patienten der Berliner Psychotherapiestudie und 485 stationär behandelte Patienten der Heidelberger Psychosomatischen Klinik.

Die folgenden Beispiele sind vielleicht geeignet, einen kleinen Drehschwindel zu initiieren, weil aus zwei Beobachtungsperspektiven vier Gruppen resultieren (Männer und Frauen geben Einschätzungen von Männern und Frauen ab).

Das erste Beispiel vergleicht Therapeuten und Therapeutinnen in ihrem diagnostischen Urteil (Abb. 4).

In 7 von 10 Skalen des PSKB beschreiben männliche Therapeuten ausgeprägtere Störungen als die Therapeutinnen. Es hat also den Anschein, dass die Therapeutinnen weniger dazu neigen, Auffälligkeiten als pathologisch zu gewichten, als Männer das tun.

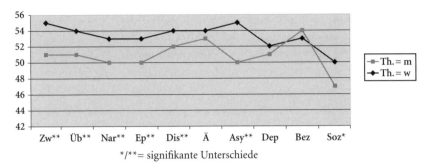

Abb. 4: Ausprägung der PSKB-Skalen in Abhängigkeit vom Geschlecht der Therapeuten

Wenn die 4 möglichen Geschlechterkombinationen zugrunde gelegt werden (mm, mw, wm, ww), so zeigt sich, dass die ausgeprägtesten Befunde von männlichen Therapeuten bei weiblichen Patienten gesehen werden, und umgekehrt die niedrigsten Befunde von weiblichen Therapeuten bei männlichen Patienten (Abb. 5).

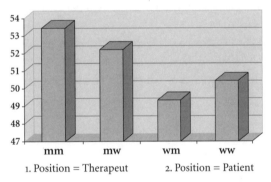

Abb. 5: PSKB-Mittelwerte in Abhängigkeit von der Geschlechtskonstellation

Betrachten wir die *Selbsteinschätzungen* von Patientinnen und Patienten, so zeigen Frauen in 7 von 13 Skalen signifikant höhere Werte. Die weiblichen Patienten scheinen ihren männlichen Untersuchern zuzustimmen, indem sie sich als kränker beschreiben.

Zusammenfassend lässt sich sagen, dass Frauen als Patienten sich selbst höhere Auffälligkeitsmasse bescheinigen, während Frauen als Therapeutinnen ihre Patienten vergleichsweise milder beurteilen.

Das »freundlichere« Einschätzungsverhalten von Therapeutinnen sahen wir auch in der Berliner Therapiestudie in der Anwendung eines semantischen Differentials mit der Frage: »Wie erlebe ich meine Patienten?« Auch hier beurteilten die Therapeutinnen die Beziehungssituation signifikant günstiger, d. h., sie markierten bei ihren Patientinnen häufiger positive Merkmale wie spontan, wandlungsfähig, beweglich, erfinderisch, mitfühlend, gefühlvoll, während männliche Therapeuten häufiger die negativen Gegenpole ankreuzten (naiv, schwerfällig, matt, einfallslos usw.).

Besonders anschaulich wird die kritischere Sicht der männlichen Therapeuten am Beispiel einer diagnostischen Skala des PSKB: narzisstisch-kämpferisch. Hier werden narzisstische Ansprüche und Selbstzuschreibungen sowie konkurrierendes und anspruchsvolles Verhalten erfasst (Abb. 6).

Die männlichen Therapeuten sehen dieses Merkmal am ausgeprägtesten bei ihren Geschlechtsgenossen, während Therapeutinnen am wenigsten dazu neigen, ihre männlichen Patienten so zu charakterisieren.

Hieraus wird erkennbar, dass die Geschlechtsvariable bei Therapeuten und Patienten dazu führt, dass bestimmte Persönlichkeitszüge schärfer in den Blick genommen werden, wahrscheinlich, weil

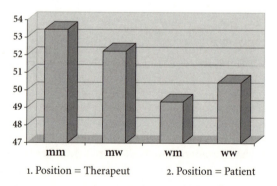

Abb. 6: Ausprägung des Faktors »narzisstisch-kämpferisch« in Abhängigkeit von der Geschlechtskonstellation

sie in dem alltäglichen Geschlechterumgang von besonderer Bedeutung sind. So werden also Frauen durch das narzisstische Imponiergehabe von Männern offenbar weniger beunruhigt als Männer, die auf ein solches Beziehungsangebot stärker reagieren.

Abschliessend soll die Frage untersucht werden, in welchen therapeutischen Geschlechterkonstellationen sozial ängstliche Patientinnen und Patienten am ehesten profitieren. Zu diesem Zweck haben wir die Daten von 485 stationär behandelten Patienten überprüft. Ausgangspunkt war die Überlegung, dass es sich bei diesen Patienten meist um junge Erwachsene handelt, die aufgrund von belastenden Lebenserfahrungen, zum Teil auch aufgrund von Traumatisierungen, oft ausgeprägte Beziehungsängste sowie Verunsicherung ihrer Geschlechtsidentität aufweisen. Hier stellt sich die Frage, ob solche Patienten und Patientinnen bei einem Therapeuten des gleichen Geschlechts besser aufgehoben sind oder ob sie bei einem Therapeuten des Gegengeschlechts wichtige Anregungen erfahren können.

Als erstes Ergebnis wird erkennbar, dass die stationär behandelten männlichen Patienten ein höheres Mass an sozialer Ängstlichkeit aufweisen als die Patientinnen, sowie sie generell auf allen Symptommassen, z. B. Depression und Angst, auffälliger sind. *Stationär* behandelte Männer unterscheiden sich als von den vorher beschriebenen ambulant behandelten Männern dadurch, dass sie ausgeprägtere Störungen (in der Selbsteinschätzung) aufweisen als Frauen.

Es wurden daher für den folgenden Vergleich der Besserungsquote in den vier Geschlechterkombinationen nur solche Männer und Frauen einbezogen, die eine deutliche Auffälligkeit im Bereich sozialer Angst zeigen (Werte über .70).

Ein Vergleich der Besserungsquote in den vier Geschlechterkombinationen zeigt ein deutlich besseres Ergebnis bei den männlichen Patienten, die von weiblichen Therapeuten behandelt wurden. Die gleichgeschlechtlichen Kombinationen mm und ww haben vergleichsweise geringere Besserungsquoten (Abb. 7).

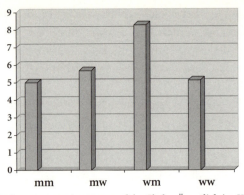
Abb. 7: Symptomverringerung auf der Skala »Ängstlich im Kontakt«

Bei zwei weiteren Skalen ließen sich signifikante Unterschiede der Veränderung nachweisen. Die Skala »Regressive Bindung«, welche die Fixierung an Eltern, Familie und Geschwister abbildet, konnte bei weiblichen Patienten deutlicher reduziert werden als bei männlichen. Hier war das Geschlecht der Therapeuten von geringerer Bedeutung.

Ein weiteres Ergebnis beinhaltet die Tatsache, dass die Skala »Rücksichtsforderung«, die gewissermassen den Krankheitsgewinn abbildet, in der Kombination mm deutlich am besten bearbeitet werden konnte.

Abschliessend wird der Frage nachgegangen, wie sich das Beziehungsgeschehen im Therapieverlauf darstellt. Patienten und Therapeuten beschreiben in einer Skala mit 20 Items ihre Einschät-

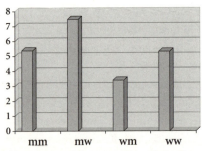
Abb. 8: Symptomverringerung auf der Skala »Regressive Bindung«

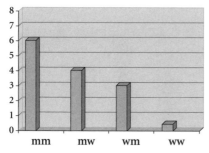

Abb. 9: Symptomveränderung auf der Skala »Rücksichtsforderung«

zung der Beziehung zueinander und der Zusammenarbeit miteinander (Skala »Therapeutische Arbeitsbeziehung« [TAB], Rudolf, 1991). In den folgenden Auswertungen kann die therapeutische Arbeitsbeziehung in den vier Geschlechterkombinationen und im Vergleich von Behandlungsbeginn und Behandlungsende verglichen werden. Das erste Ergebnis (Abb. 10) bezieht sich auf die Sichtweise des Patienten, es folgt die Perspektive der Therapeuten (Abb. 11).

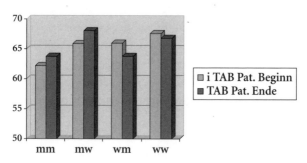

Abb. 10: Therapeutische Arbeitsbeziehung, Sichtweise Patient

Aus der Patientenperspektive wird in der Dyade mm zu Therapiebeginn die grösste Zurückhaltung in der Einschätzung der therapeutischen Beziehung deutlich. Alle übrigen Geschlechterkombinationen geben höhere Werte an, am ausgeprägtesten ist die Einschätzung der Dyade ww. Bei Ende der Therapie sehen wir jedoch die grösste Zufriedenheit mit der Arbeitsbeziehung aus Pa-

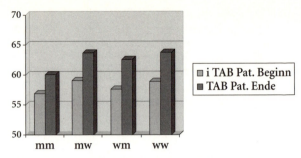

Abb. 11: Therapeutische Arbeitsbeziehung, Sichtweise Therapeut

tientensicht bei den weiblichen Patienten mit männlichen Therapeuten (Abb. 11).

Bei den von *Therapeuten und Therapeutinnen* abgegebenen Einschätzungen fällt die initiale Zurückhaltung in allen Dyaden und die Steigerung im Behandlungsverlauf auf. D. h., der Geschlechtseinfluss von Patienten und Therapeuten ist hier weniger deutlich.

Befunde dieser Art machen eines deutlich: Die Zugehörigkeit zu einem der Geschlechter ist für die Prädiktion des Therapieergebnisses weder eindeutig positiv noch negativ. In jeder Geschlechtskonstellation gibt es Themen, die schwieriger oder günstiger sind, was auch bei Literaturüberblicken letztlich häufig dazu führt, dass der Geschlechtsvariable keine durchschlagende Auswirkung im Sinne günstiger oder ungünstiger Psychotherapieverläufe zugemessen wird (Beutler et al., 1994).

Was bisher völlig ausgespart blieb, ist die Tatsache, dass es in der Gruppe der Therapeutinnen und in der Gruppe der Therapeuten höchst unterschiedliche Menschen gibt. Daher kommen manche Literaturübersichten zu dem Ergebnis, dass die Unterschiede zwischen den Personen bedeutsamer sind als die zwischen den Geschlechtern. Nun ist es sehr heikel und schwierig, in Psychotherapiestudien die Persönlichkeiten der Therapeuten mit zu untersuchen. In der Berliner Psychotherapiestudie wurde dies mit aller Vorsicht getan.

42 zum Teil analytisch, zum Teil tiefenpsychologisch fundierte, zum Teil aber auch humanistisch geprägte Psychotherapeuten und Psychotherapeutinnen beantworteten 75 Fragen des psychoanalytischen Charakterfragebogens (PSACH). Auf der Grundlage einer Clusteranalyse konnten vier Typen von Therapeuten gebildet werden. Für das hier diskutierte Geschlechterthema ist von Bedeutung, in welchem Masse diese Typen durch Männer oder Frauen bestimmt sind.

Cluster 1 (8 Therapeuten) zeigt Personen mit hoher Selbstbeherrschung, geduldig, optimistisch, selbstbewusst, ruhig, nicht ehrgeizig, religiös, sexuell etwas gehemmt. Man denkt bei diesem Turm in der Schlacht an den idealen Psychoanalytiker. 62 % sind männlich, 38 % weiblich.

Cluster 2 (17 Therapeuten) zeigt einen ähnlich stabilen Kern wie Cluster 1 (geduldig, optimistisch, selbstbewusst), ist aber viel weniger kontrolliert, als vielmehr gefühlsdurchlässig und triebfreundlich. Man könnte sich eine stabile Psychoanalytikerin vorstellen, aber das Geschlechterverhältnis ist 49 zu 51.

Cluster 3 (10 Therapeuten) zeigt weniger Selbsterleben als viele Beziehungsmerkmale: sexuelles Angezogensein, verbunden mit einer gewissen ängstlichen Bemühtheit; Sorge, sich zu blamieren oder sich durchzusetzen, Kränkbarkeit und Belastung durch die Arbeit, aber auch großer Ehrgeiz. Diese Therapeuten haben entweder mehr persönliche Schwierigkeiten als Cluster 1 und 2, oder sie betreiben weniger Selbstidealisierung. Zu 80 % handelt es sich um Männer.

Cluster 4 (12 Therapeuten) beschreibt wieder den anfangs beschriebenen stabilen Kern (entscheidungsfreudig, unängstlich), aber auch ausgeprägt ehrgeizige, rivalisierende Seiten, Neigung zu Streit und Ärger, viel Anziehung durch das andere Geschlecht, Flirtbereitschaft, also insgesamt eher ein narzisstisches Bild. Wie immer, wenn hohe Ansprüche bestimmend sind, hinkt die Realität hinterher: Dieser Therapeutentypus hat die höchste Quote der allein Lebenden (33 %) und die niedrigste Zahl der Therapiestunden pro Woche. Typisch Mann oder typisch Frau? Das Geschlechterverhältnis ist 50 zu 50.

Offenbar ist die individuelle Persönlichkeitsentwicklung des Therapeuten wichtiger als die Geschlechtszugehörigkeit. Die beiden besonders stabilen Cluster 1 und 2 lassen sich darüber hinaus aus der Lebensproblematik der Therapeuten verstehen, sie haben beide biografisch eine hohe Quote von krisenhaften Belastungen, Erkrankungen und Verluste der Elternpersonen zu bewältigen, was z. B. in dem Cluster 3 nicht der Fall ist.

Eine Gegenüberstellung der PSACH-Befunde von Patienten und Therapeuten zeigte folgende Unterschiede: Im Vergleich zu den männlichen Patienten sehen sich die männlichen Therapeuten weniger ordentlich, weniger misstrauisch, weniger trennungsängstlich, weniger überlegen. Im Vergleich zu den Patientinnen beschrieben sich die Therapeutinnen ebenfalls weniger misstrauisch, weniger trennungsängstlich, mehr sexual bejahend, weniger gefügig usw.

Hier schliesst sich womöglich der Kreis: Therapeuten und Therapeutinnen sind in der Regel ehemalige Patienten und Patientinnen, welche die Erfahrung gemacht haben, dass man seine Lebensprobleme therapeutisch bewältigen kann, und die diese Erfahrung an Andere weitergeben möchten. Als Angehörige einer bestimmten sozialen Schicht haben sie sich in ihrer therapeutischen Selbsterfahrung mit der eigenen Geschichte und Elterngeneration auseinander gesetzt und individualisiert; d. h., sie sind keine besonders rollentypischen Männer oder Frauen. Gleichwohl tragen sie die eingangs beschriebenen biologischen oder soziologischen Bereitschaften mit sich und bilden daraus die Projektionsschirme für die Geschlechtsentwürfe und Beziehungsbedürfnisse ihrer Patienten.

5. Fazit

Allgemeine biologische Bedingungen, epochaltypische und kulturtypische gesellschaftliche Bedingungen und individuelle biografische Bedingungen wirken zusammen bei der Ausgestaltung weiblicher und männlicher Geschlechtsidentität. Frauen und Männer erleben die Welt verschieden und stellen sich unterschiedlich auf sie ein. Beziehungsorientierung, Einfühlung, Emotionalität, Körperlichkeit, Fantasie wirken stärker in den weiblichen Erlebensstil hinein. Distanzierende Versachlichung, analytische Zergliederung, Bewertung und Kontrolle bestimmen die männlichen Einstellungen. Es besteht das Risiko, dass der spezielle Stil des eigenen Geschlechts durch den des Gegengeschlechts nicht bestätigt, sondern enttäuscht oder bedroht wird. Im Falle neurotischer Beziehungskonflikte ist die Bedrohung des Eigenen und Enttäuschung am Andern besonders ausgeprägt. Da erscheint aus weiblicher Sicht der männliche Verhaltensstil unpersönlich, unempathisch, beziehungslos, entwertend, und aus männlicher Perspektive wirkt das weibliche Verhalten verstrickend, unscharf, unergiebig, inkompetent.

Psychotherapiepatienten benötigen therapeutisch häufig eine Klärung und Unterstützung in ihrer eigenen Geschlechtsidentität und ein Vertrautwerden mit dem Gegengeschlecht und die Überwindung von Ängsten und Abwertungen ihm gegenüber. Bezüglich dieser therapeutischen Arbeit kann aus der Sicht der Psychotherapieforschung keine Präferenz für eine bestimmte geschlechtsbezogene Patienten-Therapeutendyade abgeleitet werden. Therapeutinnen neigen dazu, ihren weiblichen Patienten niedrigere Symptomwerte und höhere Sympathiewerte anzubieten, und erfahren von ihren Patientinnen zumindest bei Behandlungsbeginn eine sehr positive Einschätzung. Ihre männlichen Patienten sehen sie besonders unpathologisch, und sie können darauf bauen, dass diese ihre Beziehungsängste im Umgang mit ihnen besonders gut abbauen können.

Die männlichen Therapeuten entwickeln mit ihren weiblichen

Patienten ein typisches Beziehungsmuster von hilfsbedürftiger Patientin und hilfreichem Therapeuten. Sie sehen bei ihrer Patientin besonders viele Symptome, und die Patientin schätzt die Beziehung zu ihnen und die Zusammenarbeit mit ihnen besonders gut ein. In dieser Konstellation werden progressive Entwicklungen, wie z. B. die Ablösung aus der Primärfamilie, gut gefördert. Mit ihren männlichen Patienten haben die männlichen Therapeuten die Schwierigkeit, dass hier zwei Individuen, welche Kontrolle und Dominanz beanspruchen, zusammenkommen. Beide schätzen daher Beziehung und therapeutische Arbeit eher vorsichtig-zurückhaltend ein. Dafür können sie aber auch hoffen, dass körpernahe Angstzustände, sekundärer Krankheitsgewinn und Rücksichtsforderung, also vermutlich Themen der vermiedenen Aggressivität, in dieser Konstellation besonders gut bearbeitet werden können.

Unsere Geschlechtszugehörigkeit können wir nicht ändern, wohl aber das Mass der Bewusstheit für die Besonderheiten des jeweils eigenen und fremden Geschlechts und die daraus resultierenden Spannungen. Wenn es gelingt, anstelle der gegenseitigen ängstlich abgrenzenden Entwertung die jeweils andere Position als wichtige Ergänzung zur eigenen zu verstehen, kann daraus eine Erfahrung des Miteinanders resultieren, welche die Spezifitäten der eigenen Geschlechtsidentität nicht verleugnen muss und dennoch von denen des Gegengeschlechts fasziniert und durch sie bereichert werden kann.

Literatur

Beutler, L. E.; Machado, P. P.; Neufeldt, S. A. (1994): Research on Therapist Variables. In: Garfield und Bergin (ed.): Handbook of Psychotherapy and Behavior Change. Wiley, New York 229–269.

v. Braun, C.; Stephan, I. (Hrsg.) (2000): Gender studies. Eine Einführung. Metzler, Stuttgart.

Buck, R. (Connecticut): Vortrag im Graduiertenkolleg. Klinische Emotionsforschung, Heidelberg 2001.

Esser, G.; Ihle, W.; Schmidt, M. H.; Blanz, B. (2000): Die Kurzpfalz-Erhebung. Ziele, Methoden und bisherige Ergebnisse. Z. klin. Psychologie und Psychotherapie 29, 233–245.

Frank, E. (ed.) (2000): Gender and its effects on psychopathology. Am. Psychiatric Press, Washington/London.

Grande, T.; Wilke, S.; Nübling, R. (1992): Symptomschilderungen und initiale Beziehungsangebote von weiblichen und männlichen Patienten in psychoanalytischen Erstinterviews. Zsch. psychsom. Med. 38, 31–48.

Joraschky, P.; Pöhlmann, K. (2001): Zielkonstrukte in der Psychotherapie. Eine Grundlage für Diagnostik, Intervention und Evaluation. Vortrag Tagung »Problemfokus und Behandlungsziel in psychodynamischer Therapie«. Heidelberg.

Müller, G. (2001): Der Psychotherapeut und seine langen Beziehungen – beruflich und privat. Vortrag Psychotherapiewoche Langeoog 2001.

Ochsenstein, A. (1991): Psychotherapeut und Ehe. Medizinische Dissertationsschrift, Göttingen.

Motzkau, H.; Rudolf, G. (1997): Biographie und Krankheit. Belastende Ereignisse und Faktoren pathogener Sozialisation bei psychisch und psychosomatisch Kranken. Kölner Zeitschrift für Soziologie und Sozialpsychologie 49, 674–701.

Riecher-Rössler, A. (2000): Psychische Erkrankungen bei Frauen. Zsch. psychsom. Med. 46, 129–139.

Rudolf, G. (1991): Die therapeutische Arbeitsbeziehung. Untersuchungen zum Zustandekommen, Verlauf und Ergebnis analytischer Psychotherapien. Unter Mitarbeit von T. Grande und U. Porsch. Springer, Heidelberg.

Rudolf, G. und H. Stratmann (1989): Psychogene Störungen bei Männern und Frauen. Zsch. psychsom. Med. und Psychoanal. 3, 201–219.

Rudolf, G.; Motzkau, H. (1997): Die Auswirkungen von biographischen Belastungen auf die Gesundheit von erwachsenen Männern und Frauen. Zsch. psychosom. Med. 43, 349–368.

Willi, J. (2001): Die Herausforderung der persönlichen Entwicklung durch die Beziehung zum anderen Geschlecht. Vortrag Lindauer Psychotherapiewochen.

Anschrift des Autors:
Prof. Dr. med. Gerd Rudolf, Psychosomatische Universitätsklinik,
Thibautstr. 2, 69115 Heidelberg,
E-Mail: gerd_rudolf@med.ubi-heidelberg.de

Dieter Bürgin

Übertragung und Geschlechtsspezifität
im psychotherapeutischen Prozess
mit Kindern und Jugendlichen

*1. Anmerkungen zur psychoanalytischen Psychotherapie
bei Kindern und Jugendlichen*

Alle Formen der psychoanalytischen Psychotherapie mit Kindern und Jugendlichen, sowohl diese, die auf M. Klein, als auch diese, die auf A. Freud, D. W. Winnicott oder F. Dolto zurückgehen, stimmen – neben grösseren technischen und metapsychologischen Unterschieden – in grundlegenden Haltungen überein, z. B. in der Bedeutsamkeit unbewusster Phänomene und Prozesse, den hauptsächlichen psychischen Instanzen (das Es, das Über-Ich und das Ich [mit seinen Abwehr- und Anpassungsmechanismen, seinen Steuerungs- und Regulationsfunktionen komplexester Art, seiner Fähigkeit zum Gebrauch kreativer Funktionen und seinen Selbst- und Objektrepräsentanzen]), der analytischen Beziehung, der Übertragung oder dem Setting.

In der psychoanalytischen Evaluation von Kindern und Jugendlichen ist es wesentlich, eine psychodynamische und eine psychosoziale Diagnose von der Art zu stellen, dass nicht nur die Psychopathologie festgehalten wird, sondern auch die im Hinblick auf die Förderung der Entwicklung funktionierenden Bereiche der Person und des Umfelds erfasst werden. So vermögen Therapeuten sich eine Vorstellung darüber aufzubauen, mit welchen Formen der Übertragungsentwicklung (neurotische oder psychotische?) sie zu rechnen haben, ob sie sich auf primitivere oder sehr entwickelte Formen der Abwehr einstellen müssen und wie viel psychische Arbeit das Kind oder der Jugendliche im Moment zu leisten im Stande ist, d. h. wie viel Spannung, Frustration und seelischer Schmerz der Patient voraussichtlich aushalten und innerseelisch, ohne grösseres Ausagieren, in sich bewahren kann. In allen Fällen ist zu beachten, dass die Realitätsprüfung von Kindern und Jugendlichen noch bedeutend geringer, das Lustprinzip hingegen stärker ausgebildet ist als bei Erwachsenen.

Das psychotherapeutische Ziel bei Kindern und Jugendlichen ist grundsätzlich ein anderes als bei den Erwachsenen: es geht in erster Linie darum, die weitere psychische Entwicklung und Reifung des Patienten zu ermöglichen. Wie beim Erwachsenen ist nicht die Symptombeseitigung das Ziel, hingegen eine ganz starke Orientierung am Symptom als dem Prototypen des scheinbar Unverständlichen. Die gegenständliche Beteiligung im Sinne einer Eigenleistung, die beim Erwachsenen z. B. in der Bezahlung sichtbar wird, ist in Kindertherapien nicht von gleicher Bedeutsamkeit.

Im Allgemeinen ist der Therapeut in psychoanalytischen Psychotherapien von Kindern und Jugendlichen durch das Setting viel weniger geschützt als bei der Arbeit mit Erwachsenen. Er muss sich zeitweilig in Rollenspiele einlassen und wird stärker in dyadische Abläufe einbezogen. Zudem spielt der direkte körperliche Kontakt bei Klein- und Schulkindern eine viel grössere Rolle. In der Adoleszenz bedarf es eines besonders feinen Taktgefühls, um sowohl die körperlichen Abläufe der sexuellen Erregung anzusprechen als auch und vor allem dem gegengeschlechtlichen Adoleszenten emotional nicht zu nahe zu treten. Weiterhin muss der Therapeut in viel stärkerem Ausmass im Stande sein, sich in seine eigene Kindheit und Adoleszenz zu versetzen. Er darf sich durch therapeutische Regressionen nicht bedroht fühlen, denn die Arbeit mit den entsprechenden Patienten führt notgedrungen zur Reaktivierung eigener Kindheits- und Adoleszenzerfahrungen. Er muss sich selbst sein und natürlich bleiben können und den Lauf der Dinge, auf Grund von eigenen Ängsten, Schuldgefühlen oder dem Bedürfnis, erfolgreich zu sein, nicht durch eigenes Handeln oder Nicht-Handeln verzerren lassen. Die offensichtliche Asymmetrie zwischen Kind und Therapeuten schliesslich erfordert eine besonders ausgesprochene Haltung von Respekt vor dem Patienten und der Erhaltung seiner Würde.

Wir gehen davon aus, dass ein Säugling von Anfang an zu triadischen und polyadischen Beziehungen befähigt ist. Die Bevorzugung der dyadischen Beziehungsform ergibt sich aus deren verhältnismässig einfacher Struktur und der viel geringeren Anstrengung, die zur Aufrechterhaltung der libidinösen Besetzung der realen Objekte notwendig ist. Tri- oder polyadische Formen zerfallen leicht in dyadische, da sie viel schwieriger zu stabilisieren sind (Bürgin, 1998a). Die frühen präödipalen Drei- oder Vielsamkeiten entwickeln sich über die post-ödipalen in die adoleszenten und adulten Formen. Je nach den libidinösen und aggressiven Besetzungen werden unterschiedliche dyadische Beziehungskonfigurationen hervorgehoben oder treten wieder in den Hintergrund; je nach affektiver Nähe oder Distanz gestalten sich die Beziehungsdrei- oder Viel-Ecke symmetrisch-ausgeglichen oder asymmetrisch-unausgeglichen. Den Realpersonen kommt bei diesen Vorgängen im Kleinkindesalter eine sehr grosse Bedeutung zu, da sie anhaltend mitregulieren und damit gleichsam direkt in die innere Beziehungswelt des Kleinkindes eingreifen (von Klitzing et al., 1999). Erst wenn das reale Gegenüber mit einer Innenwelt von der gleichen Art wie die eigene ausgestattet worden ist, vermag sich das Kleinkind vorzustellen, dass auch das Gegenüber Beziehungen zu verschiedenen Objekten haben kann und diese zudem untereinander in Beziehung stehen.

Der Gesichtspunkt einer triadischen Beziehungskonstellation lässt sich auch bei einer Präsenz von nur 2 Personen (z. B. Mutter und Kind) vertreten, insbesondere, wenn das Kind Symbolspiele macht oder entsprechende Geschichten erzählt. Wird ein Affekt, ein kognitiver Inhalt oder eine Absicht zwischen Patient und Therapeut gemeinsam geteilt, so entsteht ein spezifisches »interpersonales Drittes« (Ogden, 1995), das Bausteine für die Ko-Konstruktion eines gemeinsamen Narrativs liefert. Auch in einer dyadischen Beziehung existiert stets eine virtuelle dritte Person in der Innenwelt des erwachsenen Gegenübers. Diese virtuelle dritte Person (Eltern, Vormund, Erzieher) ist beim Kind in ganz anderem Ausmass präsent und wird als reale relevanter als bei der Psychotherapie mit Erwachsenen. Sie muss in jeweils adäquater Form miteinbezogen werden.

In den emotionalen Bewegungen von innen nach aussen und zurück werden die realen Objekte zu Substituten der Repräsentanzen, die Repräsentanzen zu Substituten der Realobjekte. Interaktionsrepräsentanzen sind prototypische Abstraktionen realer Abläufe, die – infolge von wechselnden, triebbedingten emotionalen Besetzungen – durch Kondensationsvorgänge, anhaltende Reorganisationen und auf Grund von Mitregulationen durch die Realobjekte nie genau so abgelaufen sind, wie sie erinnert werden (Bürgin, 1998b und c).

Das Kind geht auf dem Weg der therapeutischen Arbeit voran, der Therapeut folgt nach und muss der Verführung entgegenwirken, dem Kind oder Jugendlichen die Arbeit abzunehmen, d.h., ihm die Eigenerfahrung der Selbstorganisation von Beziehungsprozessen vorzuenthalten. Er ist in einem Intermediärraum der Beziehung positioniert, in welchem er für den Patienten oft über längere Zeit ein »subjektives Objekt« ist, nämlich eines, dem nur eine begrenzte Eigenständigkeit zugesprochen wird, das gleichzeitig aber auch das Realitätsprinzip vertritt (z.B. die Einhaltung des Zeitgefässes der psychotherapeutischen Sitzungen oder der abgemachten Behandlungsregeln) und das überlebt, gesund sowie wach bleibt. Die therapeutische Arbeit wird stets vom Patienten geleistet, auch wenn es sich um ein kleines Kind handelt. Bei Kleinkindern hat der Therapeut, in noch viel stärkerem Ausmass als später oder beim Erwachsenen, auch Aufgaben eines realen Primärobjektes, nämlich die Gewährleistung von Schutz und von Be- oder Abgrenzung.

Das Kind assoziiert verbal oft nicht so direkt und frei wie der Erwachsene. Dennoch kann die Sequenz seiner verbalen und vor allem seiner averbalen Spiel-Aktivitäten, genau gleich wie die freie Assoziation, verstanden und für den therapeutischen Prozess genutzt werden. Das Spiel steht in enger Verbindung zu den Inhalten der Fantasie, die sich mittels der vorliegenden Gegebenheiten mehr oder weniger geeignet umzusetzen versuchen. Durch die

Deutung erfährt das Spiel aber eine Anhebung auf die Ebene eines zentralen intersubjektiven Kommunikationsgeschehens. In gewissen Fällen sind pädagogische Interventionen zur Erhaltung des psychotherapeutischen Settings unumgänglich. Sie sollten aber nur nach reiflicher Überlegung und zeitlich limitiert eingesetzt werden, so dass sie, wie eine Parenthese eingeschoben, ebenso leicht wieder weggelassen werden können.

Die psychoanalytische Psychotherapie stellt einen Ort der Begegnung zur Verfügung, an welchem der Dialogpartner eine besondere Rezeptivität, eine für das Kind völlig neuartige Art des Hörens besitzt, die bewirkt, dass sich das Gesprochene, Empfundene oder Gespielte verändert und vieles einen neuen Sinn bekommt. Das Kind kommt über den therapeutischen Dialog zu einer Begegnung mit sich selbst. Jede deutende Intervention muss stets mit aller Sorgfalt auf das jeweilige Sprachniveau des Kindes transformiert werden.

2. Anmerkungen zur Übertragung

Die Übertragung war zu Beginn des psychoanalytischen Verstehens ein dynamisches Konzept im Verständnis einer Zwei-Personen-Psychologie. Freud formulierte dies an Hand des Falles Dora 1905 in folgender Weise: Übertragungen sind »Neuauflagen, Nachbildung von Regungen und Fantasien mit einer charakteristischen Ersetzung einer früheren Person durch die Person des Arztes«. Sie wurde im historischen Ablauf der Psychoanalyse vom anfänglich grössten Hindernis zum nachfolgend mächtigsten Hilfsmittel. Die Psychoanalyse verstand die Übertragung als eine Inszenierung unbewusster Objektbeziehungen und Wiederholung einer vergessenen Vergangenheit, die an Hand einer Verzerrung der aktuellen Realität in systematischer Form innerhalb der Beziehung zum Analytiker aus dem Material zu erraten und zu bearbeiten war. Die Analyse schien den optimalen Nährboden für eine tragfähige Beziehung zwischen zwei Personen zu bieten, auf dem die Konflikte der Übertragung ausgetragen, beobachtet, analysiert und verändert werden konnten. Die Übertragungsneurose wurde zu einer Art Übertragungskrankheit. Freud formulierte bezüglich des Durcharbeitens der Übertragungsneurose 1916–17: »Auf solche Weise nötigen wir ihn (den Patienten), seine Wiederholung in Erinnerung zu verwandeln.« Sterba wies 1929 und 1934 darauf hin, wie wichtig dabei eine therapeutische Ich-Spaltung und eine Wir-Bildung sind.

Im Verlaufe des letzten Jahrhunderts erfuhr das Konzept der Übertragung viele Modifikationen. Ruth Mack-Brunswick verwendete 1928 erstmals, im Zusammenhang mit dem Versuch, psychotische Menschen mit der psychoanalytischen Methode zu behandeln, den Terminus ›Übertragungspsychose‹. Rosenfeld machte später in vielen Publikationen deutlich, dass psychotische Übertragungsformen der Analyse prinzipiell zugänglich sind.

Alexander und French sprachen 1946 von der absichtlichen Manipulation der Übertragung durch den Analytiker mit dem Ziel, eine korrigierende Erfahrung herzustellen. Gitelson betonte die vorwiegend nonverbale Einflussnahme des Analytikers auf die sich bildende Übertragung, und Balint sprach von einer Grundstörung und einem Neubeginn durch die Bearbeitung der Übertragung. M. Klein hielt dafür, alle realen oder fantasierten Gefühlsregungen eines Patienten in die Deutung einer komplexen Gesamtszene, die Übertragungssituation, einzubeziehen. Aus dem gesamten Material sollten die unbewussten Elemente der Übertragung erschlossen werden. Die unbewussten Übertragungsfantasien wurden als im Material des Patienten präsent verstanden. Sie sollen in der analytischen Situation, im Hinblick auf die aktuelle Beziehungserfahrung, erfasst und interpretiert werden.

Mit zunehmender Erfahrung im Umgang mit der Übertragung wurde diese als eine allgemeine menschliche Fähigkeit erkannt, die alle Phänomene der subjektiven Bedeutungszuschreibung innerhalb einer Beziehung betrifft. Die neueren Konzeptualisierungen beruhten immer mehr auf einer Interpersonalität, d. h. auf der Gegenseitigkeit beider Partner. In der analytischen Situation hatte der Analytiker bestimmte Selbst- und Objektanteile des Patienten bei der Übertragungsbearbeitung zu übernehmen. Sullivan begründete 1943 eine ›interpersonale‹ Schule, und Macalpine sprach 1950 davon, dass Übertragung nicht spontan im Patienten entstehe, sondern durch die therapeutische Situation induziert, also reaktiv, sei. Kohut erweiterte 1968 das ursprüngliche Konzept von Freud – der die Übertragungsneurosen von den narzisstischen Neurosen getrennt hatte, da bei den letzten keine Übertragungen zu Stande kämen – durch mehrere Formen genau beschriebener narzisstischer Übertragungen wie die Zwillings-, die Spiegel- und die idealisierende Übertragung. Lacan untersuchte die Übertragung in ihren imaginär-narzisstischen und in ihren symbolischen Aspekten. Er verstand sie als eine Manifestation des Begehrens in seiner sprachlichen, unbewussten und intersubjektiven Dimension und gleichzeitig als Symbolisierungsleistung, an welcher der Analysand und der Analytiker zugleich beteiligt seien. Bird konzeptualisierte 1972 die Übertragung als die wichtigste Ich-Funktion, mit der das Ich seine Objektbeziehungen reguliere, und somit als Grundlage jeglicher menschlicher Beziehungsfähigkeit. Mit dem Konzept der Gegenübertragung wurden zunehmend die Beziehung und die Aktivität des Analytikers angemessen berücksichtigt. M. Gill (1984) schliesslich ging davon aus, dass der neurotische Wiederholungszwang des Patienten dessen Beitrag an die Übertragung, d. h. an die Inszenierung von Konflikten, auf der Bühne interpersoneller Beziehungen darstelle. Den Beitrag des Analytikers sah er in dessen von impliziter privater Theorie gesteuerten Technik, Individualität, persönlicher Auslegung, Handhabung der analytischen Regeln und latentem Menschenbild. So gibt es über die Gründe der jeweils momentanen Beziehungsgestaltung nur noch plausible gemeinsame Hypothesen, die verzerrte Wahrnehmung des Patienten steht nicht mehr im Zentrum. Analysand und Analytiker sind beide Beobachter und beobachten sich auch gegenseitig beim Beobachten. Was getan oder gesagt wird, wird als Bestandteil der Interaktion zum Inhalt reflektierender Bedeutungszuschreibung. Die situativ erarbeiteten Interpretationen der Beziehung durch den Analytiker besitzen keinen objektiven Realitätsgehalt, sondern sind eine Wirklichkeitskonstruktion. So entsteht zwischen den beiden Protagonisten eine Konsensrealität über eine begrenzte Zeit und einen begrenzten Teil der Beziehung. Die Strukturveränderung im Patienten wird durch die Strukturveränderung der Analysand-Analytiker-Beziehung erreicht (Herold, Weiss, 2000). Übertragung wird erkennbar durch einen Indizienbeweis, eine Spurensuche und die Entdeckung des Unerwarteten.

Bezüglich der Existenz der Übertragung beim Kind schieden sich die Geister von M. Klein und A. Freud in zentraler Weise. A. Freud meinte, es gäbe keine Übertragung beim Kind, weil es noch an die Primärobjekte gebunden sei und deren Repräsentanzen überhaupt nicht übertragen könne. In Tat und Wahrheit hingegen unterscheidet sich die Übertragung bei der Analyse von Kindern überhaupt nicht von der bei Erwachsenen: Es handelt sich um eine Mischung von Aktuellem und früher Erlebtem, bei der Konfliktängste, spezifische Abwehren und frühe Objektbeziehungen eine zentrale Rolle spielen, denn es werden anhaltend unbewusste Fantasmen gebildet, die momentane innere Konfiguration wird in der Übertragung nach aussen projiziert und das daraus erfolgende Geschehen re-introjiziert.

Natürlich unterscheidet sich die Kinderanalyse von der Erwachsener durch den Nicht-Gebrauch der Couch und den Einbezug des Spiels und von Zeichnungen, was immer wieder eine Reflektion notwendig macht, wie weit ein Mitspielen des Analytikers gehen darf, soll dieses nicht zum Agieren werden. Ein spezifischer Unterschied in der Übertragung besteht vielleicht darin, dass Kinder mit den Primärobjekten oder ihren Substituten zusammenleben und abhängig von ihnen sind. So besteht ein Bedürfnis, die Schwierigkeiten, die Eltern miteinander haben, zu verleugnen. Infolge dieser realen Abhängigkeit und der damit zusammenhängenden Loyalität sind Kinder äusserst empfindlich gegenüber Deutungen, die ungünstige Eigenschaften der Eltern bzw. Primärobjekte betreffen, denn diese werden wie eine öffentliche Beschreibung von deren Schwächen und Fehler empfunden. Einzig Deutungen, die beim Kind nicht zu viele Schuldgefühle auslösen oder nicht den Eindruck vermitteln, dass sich der Analytiker mit ihm gegen die Eltern verbündet, können mühelos aufgenommen werden. Der mit der Entwicklung verknüpfte Vorwärtsdrang stösst das Kind in Richtung von Wissenserwerb und Integration (Segal, O'Shaugnessy, 1987).

Heutzutage stellt kaum mehr jemand das Vorhandensein der Übertragung beim Kind in Frage. Sie stellt sich vielleicht sogar schneller und deutlicher ein als beim Erwachsenen. Bei der Übertragung rekonstituiert das Kind oder der Jugendliche imaginär und symbolisch die verlorenen und damit zumeist frustrierenden Objekte.

Wahrscheinlich überträgt das Kind – gleich wie der Erwachsene – nicht genaue Anteile seiner Geschichte, sondern Beziehungen und Objekte, die zwar durch die Interaktion mit der Aussenwelt, aber auch durch die intrapsychischen Abläufe (innere Beziehungsrepräsentanzen, Triebimpulse, bewusste und vorbewusste Fantasmen) modifiziert wurden, und vor allem auch das, was trotz aller Anstrengung mittels der Fantasie und der Symbolbildung nicht integriert werden konnte und ohne Sinn blieb. Der ›Erlösung‹ im Märchen entspricht innerhalb des analytischen Prozesses das Finden eines Ortes in der symbolischen Ordnung (Houzel, 1987).

Es besteht heute kein Zweifel mehr an dem Übertragungsphänomen beim Kind, nur noch eine Debatte, ob es sich dabei um eine eigentliche Übertragungsneurose handelt. Bei der Übertragungsneurose handelt es sich um ein Artefakt, eine Zwischenetappe, da sie sich üblicherweise im Verlaufe des analytischen Prozesses zu lichten beginnt. An Hand der Übertragungsneurose wird die infantile Neurose rekonstruiert. Die infantile Neurose gewinnt ihre Form erst in der Nachträglichkeit, nämlich an Hand der Übertragungsneurose. Die letzte und die infantile Neurose sind somit keine psychopathologischen Entitäten, die der direkten Beobachtung zugänglich wären. Sie gehören zu den Modellen und Konzeptualisierungen der Metapsychologie. Wie könnte man bei der infantilen Neurose somit von einer Übertragung sprechen, von einem Vorgang, bei welchem sich etwas wiederholen würde, was sich noch gar nie abgespielt hätte? Man muss wohl davon ausgehen, dass es reale Vorläufer der infantilen Neurose gibt, auf die sich diese aufpropft. Diese Vorläuferstrukturen (eine Art Prä-Neurose), die eine erste psychische Realität darstellen, bauen sich aus den Interaktionen des Kleinkindes mit den bedeutungsvollen Anderen und seinen halluzinatorischen Aktivitäten auf. Sie umfassen das Spiel der Ur-Fantasien, insbesondere die Urszene und die Verführung, gestalten sich in der Übertragungsneurose zur infantilen Neurose aus und bilden beim Kind den Kern für die Bildung der symptomatischen Neurosen. Die Übertragung tritt meist versteckt, getarnt und verkleidet in Erscheinung. Sie muss oft auf Grund der Gegenübertragung erraten, erträumt und erschlossen werden (Moury, 1987). Eine ausgesprochene Übertragungsneurose ist beim Kind aber verhältnismässig selten (Decobert, 1987).

Das Kind versucht in der Latenz, die Übertragung so triebfremd wie möglich zu halten. Es strebt eine Vermeidung jeglicher Auseinandersetzung an, die durch die Interpretationen des Analytikers entstehen könnten, so dass im Verlauf des Prozesses oft Langeweile und der Eindruck von Banalität aufkommen. So versucht es oft, den Analytiker in einer Haltung zu bestärken, dass eigentlich nichts zu tun sei. Da das Kind selbst mit aller Anstrengung danach trachtet, spezifische intrapsychische Abläufe zu vergessen, möchte es den Analytiker zur gleichen Haltung verführen.

Die Übertragung spielt sich in einem Zwischenbereich ab, in dem das bisher noch nicht mit Sinn Verbundene und das, wogegen das Subjekt mit aller Kraft kämpfte, Sinn erhält. Es findet somit ein Sinntransport von einem Bedeutungssystem zu einem andern, d. h. von einem psychischen Ort zu einem anderen, von einer Zeit zu einer anderen, statt. Dadurch werden für die psychischen Aktivitäten neue Bedeutungsfelder eröffnet (Arfouilloux, 1987). So scheint auch die Frage nicht unberechtigt, ob die Gegenübertragung nicht vor der Übertragung existiert, d. h., ob sich die Übertragung des Analysanden nicht an Hand der inneren Konzepte des Analytikers organisiert.

Die analytische Haltung, d. h. das Bedürfnis des Analytikers, seinen Patienten und die Beziehungsentwicklung zu diesem zu ergründen, hat etwa die gleiche Funktion wie das ›Social Referencing‹ zwischen einem Baby und seinen primären Betreuungspersonen, da auch das Kind den Analytiker ›studiert‹, um sich in der unbekannten Therapiesituation zu orientieren. Verführung und Antizipation stellen unter diesen Gesichtspunkten wesentliche Elemente dar. Die postnatale Hilflosigkeit und Abhängigkeit des Kindes sowie die Tatsache, dass die Welt der Erwachsenen bereits vor der Entstehung des Kindes mit all ihren spezifischen Kommunikationsformen, Bedeutungssystemen und Kodierungsformen existierte, die alle für das Kind zuerst weitgehend rätselhaft erscheinen, liegen der Verführung zu Grunde. Denn es besteht eine konstante Verführung für das Kind, diese Rätsel zu erforschen, um sie zu verstehen. Die Verführung lehnt sich an die Aktivitäten der Pflege und der Fürsorge an, die mit vielfältigen sexuellen Anteilen durchtränkt sind. Unvermeidbar wird man im Verlaufe jedes analytischen Prozesses dem Fantasma der Verführung entweder in direkter Form oder in den Manifestationen der Abwehr begegnen. Ein Prototyp der später so wichtigen Funktion der Antizipation besteht möglicherweise in der Kompetenz des Säuglings, bestimmte Verhaltensweisen in seiner Umgebung auszulösen (Arfouilloux, 1987). Oft wird ein Therapeut in der Arbeit mit deprivierten Kindern oder Jugendlichen in die Rolle des Verführten (der vom Patienten im Sinne einer ›toten Mutter‹ revitalisiert werden soll) oder des Verlassenen (Abbruch der Therapie) gebracht, oder die auf ihn gerichteten aggressiven Tendenzen bzw. die auf die eigene Person ausgerichteten masochistischen Impulse sind sehr heftig. Ganz grundsätzlich sind die emotionalen Bedürfnisse dieser Patienten ausserordentlich drängend, oft unstillbar, und die Übertragung bleibt sehr fragil. Die Intensität der affektiven Bedürfnisse der Kinder und Jugendlichen gibt den Therapeuten aber vielfach die Illusion, stark besetzt zu werden, und verführt sie auch leicht dazu, den analytischen Rahmen zu überschreiten, da ein Minimum an narzisstischer Anerkennung gegeben werden muss (Ferrari, 1987).

3. Veränderungen der sozialen Rollen von Eltern und genderspezifische Haltungen

Veränderungen im sozialen Umfeld haben einen beachtlichen Einfluss auf die individuelle Entwicklung und die Ausformung der Geschlechtsidentität von Kindern. Insbesondere die Rolle der Frauen hat sich in den vergangenen 50 Jahren sehr verändert. Drei hauptsächliche Veränderungen weiblicher Rollen sind zu nennen (Aube et al., 2000):
– die vermehrte Teilnahme von Frauen am entlöhnten Arbeitsprozess,
– die Veränderungen bei der Hausarbeit und in der Kinderbetreuung und
– die erhöhte Zahl von Einelternfamilien.

Die Zahl der arbeitstätigen Frauen hat sich von 1950 bis 1985 verdreifacht. Frauen heiraten heutzutage später, haben weniger Kinder und wenn, so zu einem späteren Zeitpunkt. Arbeit ist in den vergangenen 50 Jahren nahezu unverändert weitgehend geschlechtsgetrennt aufgeteilt. Frauen sind im Allgemeinen, auch bei gleicher Ausbildung und Erfahrung, schlechter bezahlt als Männer. Die Arbeit von Frauen ist weiterhin durch einen geringeren Status und weniger Macht als die von Männern charakterisiert. Innerhalb der Familie sind die Rollen recht stabil geblieben. Frauen haben noch immer die hauptsächliche Verantwortung für den Haushalt und die Kindererziehung. Ganz allgemein gesehen scheinen die Auswirkungen mütterlicher Arbeitstätigkeit je nach Geschlecht der Kinder und sozio-ökonomischem Status der Familie unterschiedlich zu sein. Erfahrungen der Mütter und Väter im Zusammenhang mit bezahlter Arbeit sind mitbeteiligt an der Ausformung der geschlechtsspezifischen Identität, der Wertsysteme und der Persönlichkeit der Kinder. Die Belastungen durch die bestehenden Aufteilungen der Geschlechterrollen sind für Frauen grösser als für Männer. Arbeitende Frauen sind für physischen und psychischen Distress anfälliger als Männer. Je mehr Entscheidungen von Eltern gemeinsam getroffen werden können, desto grösser ist das Sich-

Wohlfühlen der Frauen; je stärker die Väter in die Kinderpflege miteinbezogen worden sind, desto besser sind die Resultate der Entwicklung der Kinder. ›Fathering‹ sollte deshalb aktiv – durch Arbeitsbedingungen wie flexible Arbeitszeit und Eltern-Urlaube, die vermehrt Zeit für die Familie und damit eine gleichmässigere Verteilung der Aufgaben im Hause und bei der Kindererziehung belassen – unterstützt werden. Die Verteilung der Aufgaben in der Kinderpflege wirkt sich direkt und indirekt auf die Entwicklung der Kinder aus, da diese die Einstellungen ihrer Eltern übernehmen. Zwischen der Qualität der ehelichen und der Eltern-Kind-Beziehung bestehen klare Zusammenhänge. Ein Streben nach Geschlechtsneutralität darf nicht das Ziel sein, hingegen eine ausgeglichene Verteilung der Ressourcen und der Macht innerhalb der Familie.

Rund 50 % der Ehen werden geschieden. 90 % der Einelternfamilien werden durch Frauen geleitet. Alleinerziehende sind vielfach mit den Arbeiten im Haushalt und der Kindererziehung überfordert und werden dadurch vulnerabler für physische und psychische Probleme. Ein grösserer Teil der Eltern heiratet nochmals. Aber die Scheidungsrate bei Zweit-Ehen ist eher noch höher als die der Erst-Ehen. Scheidung bewirkt oft einen dramatischen Abfall im Lebensstandard (bis zu 70 %) der betroffenen Eltern und ihrer Kinder. Armut ist zumeist mit psychischem Distress, d. h. Erziehungs- und Finanzproblemen und damit meist Depression, verbunden. Nach einer Scheidung braucht es oft fast zwei Jahre, bis die Restabilisierung einer Familie gelungen ist. Kinder aus geschiedenen Ehen schneiden in vielen Bereichen schlechter ab, weisen z. B. mehr internalisierende Probleme wie Depressionen oder Ängste auf, haben mehr Probleme in den Interaktionen mit Gleichaltrigen und zeigen weniger prosoziales Verhalten. Für die erhöhte Zahl von Verhaltens- und psychischen Störungen von Scheidungskindern scheinen die Konflikte der Eltern vor, während und nach der Scheidung das belastendste Element zu sein.

Zu einem gewissen Ausmass übernehmen Kinder typische und normativ hoch gewertete geschlechtsspezifische Attribute ihrer

Eltern für ihre eigene Geschlechtsidentität. Innerhalb der klassischen Dimensionen der Kinderbetreuung (Nachgiebigkeit, Grenzsetzungen, gegenseitiges Wahrnehmen, Wärme) unterscheiden sich die Eltern kaum bezüglich des Geschlechts ihrer Kinder. Hingegen machen Eltern mit Knaben gröbere Spiele, sprechen mit den Mädchen mehr über Gefühle und schenken ihnen mehr Puppen, den Knaben hingegen mehr Spielzeugmaschinen. Kinder erwerben aktiv Kenntnisse und entwickeln Stereotype und Skripte über das, was für jedes Geschlecht üblich und angemessen ist. Diese Kenntnisse organisieren sie zu Erwartungssystemen, die wiederum die Wahrnehmung sozialer Abläufe mitbestimmen. Das Bedürfnis nach Zugehörigkeit zu einer spezifischen Geschlechtsgruppe bewirkt eine selektive Imitation. Haben Kinder einmal eine stabile Geschlechtsidentität erworben, so vermögen sie sich auch selbst noch weiter zu sozialisieren. Psychodynamisch gesehen besteht für Knaben eine schwierigere Situation zur Erreichung einer Geschlechtsidentität, da sie in der Adoleszenz ihre primären Identifikationen mit der Mutter lösen und sich über eine gewisse Zeit von allem Weiblichen fernhalten müssen, um Gewissheit über ihre Männlichkeit zu erreichen.

Auch psychobiologische Faktoren wirken bei der Ausgestaltung der Geschlechtsidentität über die Konstituierung der cerebralen und der genitalen Strukturen, der pränatalen hormonellen Verhältnisse und der physiologischen Abläufe während der Schwangerschaft mit. Bestimmte, erworbene Gehirnveränderungen bewirken, wenn sie zu spezifischen Zeiten ausgelöst werden, wahrscheinlich unterschiedliche Verhaltensformen. Wie auch immer die genetische Prädisposition von Knaben und Mädchen sein mag, was sich davon umsetzt, ist in weitem Masse abhängig von den sozialen Bedingungen, die durch Eltern und Gleichaltrige angeboten werden. Die Geschlechtsidentität ist bei den meisten Kindern mit rund drei Jahren in einem ersten Entwurf abgeschlossen.

Stets muss unterschieden werden zwischen einem Verhalten in einem dyadischen, triadischen oder polyadischen Kontext und dem in einer Gruppe. Die Zugehörigkeit zu einer gleichgeschlechtlichen Gruppe bewirkt nicht selten eine Vermeidung des anderen Geschlechts, die nicht auf eigenen negativen Vorerfahrungen beruht. Haben Kinder eine Wahl bezüglich ihrer Spielgefährten, so tun sie sich bereits ab dem 3. Lebensjahr und verstärkt noch später zumeist mit solchen des gleichen Geschlechts zusammen. Auch Primaten gliedern sich in gleichgeschlechtliche Spielgruppen. Die Aufteilung nach Geschlechtergruppen hat vielleicht auch zum Ziel, Inzest zu verhindern und gleichzeitig das Interesse für zukünftige gegengeschlechtliche Partner wach zu halten. Die Fantasien von Knaben umfassen vielfach Konflikt- und Gefahrensituationen, Zerstörung, heroische Aktionen und Beweise physischer Kraft, die von Mädchen hingegen häusliche und romantische Abläufe, aber auch soziale Beziehungen sowie die Erhaltung oder Wiederherstellung von Ordnung und Sicherheit. Interaktionen zwischen Knaben enthalten mehr Grobe-Kraft-Spiele, Rivalität, Konflikte, riskante Situationen und ein Streben nach Dominanz, wohingegen diese von Mädchen durch viel mehr Reaktion und Rücksicht auf den Input der Spielkameradinnen, durch stärkeren Gebrauch der Anregung im Vergleich zu imperativen Forderungen und durch eine Vorliebe für die Konstruktion kooperativer Skripts gekennzeichnet sind. Freundschaften zwischen Knaben gründen eher auf geteilten Aktivitäten in Gruppen, Mädchenfreundschaften sind emotional intimer und sie ziehen dyadische Interaktionen vor.

4. Gender-Spezifität der Übertragung

Jeder Analytiker hat eine eigene geschlechtliche Identität, von der auch ihm nur ein kleinerer Teil bewusst ist. Ausgehend von einer bisexuellen Anlage, hat er die Eigenwahrnehmung seiner Geschlechtsidentität in der eigenen Analyse intensiv bearbeitet und sich gewisse Kenntnisse über deren Art verschafft. Auf Grund des damit verknüpften impliziten Weltbildes und der Notwendigkeit, auf eines der beiden Geschlechter verzichten zu müssen, wird er sich sein ganz persönliches Vorstellungsgemisch von Männlichkeit und Weiblichkeit, von Väterlichkeit und Mütterlichkeit und den entsprechenden Bedeutungsinhalten komponiert haben, das zudem situativ und in Abhängigkeit von der jeweiligen Beziehung stets noch weiter modifizierbar ist. Er bringt auf diese Weise eine spezifische persönliche Prädisposition in die analytische Beziehung mit ein, die sein Verständnis der Bedeutung und der Entwicklung der therapeutischen Beziehung und damit seine Interpretationen und Interventionen mitgestalten wird.

Vergleichbares gilt für den Patienten, nur dass dieser noch keinen Prozess durchgemacht hat und, im Falle eines Kindes oder Jugendlichen, noch mitten in der Entwicklung einer gender-spezifischen Haltung begriffen ist. Die gesellschaftlichen Anforderungen an die Entwicklung von Männern und Frauen sind vergleichsweise ähnlich. Bei den Männern ist der Beruf am wichtigsten, dann folgen die Familie und die Partnerschaft. Bei den Frauen ist die Reihenfolge genau umgekehrt. Beide Geschlechter müssen sich bezüglich Elternschaft mit den realen und den innerlich repräsentierten Eltern positiv identifizieren und – im Sinne einer eigenständigen Entwicklung – gleichzeitig auch davon absetzen. Innerhalb dieser manchmal krisenhaft verlaufenden Passage in der Mitte des Lebens werden automatisch und unwillkürlich Haltungen und Konflikte aus der Kindheit und der Adoleszenz wiederbelebt. Je nach den früher bereits eingesetzten Lösungsmodalitäten sind diese schwieriger oder weniger schwierig zu lösen oder einzunehmen.

Eltern entwickeln manchmal bereits in der Schwangerschaft spezielle Geschlechtsrollenerwartungen an ihr werdendes Kind. So erfahren bereits die Sozialisationsbedingungen eines Kindes eine spezifische Beeinflussung: Abhängigkeit und Aufgaben emotionaler und häuslicher Art wird vielfach den Mädchen, Autonomie, Unabhängigkeit, Leistung und beruflicher Erfolg mehr den Knaben zugeordnet.

Geschlechtsidentität wird hier als ein Lernprozess verstanden, der – auf biologischen Fundamenten aufbauend – zwischenmenschlich kommuniziert wird, kulturelle und psychische Anteile hat und sich aus frühen und späteren Erfahrungen und Fantasien sowohl der Eltern als auch des Kindes zusammensetzt. Normative Erwartungen, stereotype Haltungen sowie komplexe Identifikationsvorgänge sind darin enthalten. Über lange Zeit ist die so gewonnene Geschlechtsidentität noch sehr fragil. Sie wird im Entwicklungsprozess sowohl durch innerpsychische als auch interpersonale Faktoren leicht in Frage gestellt. Erst wenn im Verlauf des Adoleszenzprozesses der Besetzungsabzug von den frühen elterlichen Repräsentanzen und angemessene Identifikationen stattgefunden haben und die omnipotenten Selbstbilder durch realistischere, d. h. solche mit Limitierungen und der realistischen Einschätzung des eigenen Potenzials, ersetzt worden sind, kann sie als einigermassen gesichert und relativ konfliktfrei bezeichnet werden.

In der frühen Beziehungsentwicklung spielt das Geschlecht des bedeutungsvollen Gegenübers zuerst keine merkliche Rolle. Erst im zweiten Lebensjahr, mit der Reifung kognitiver Funktionen und der Wahrnehmung des Geschlechtsunterschiedes, entsteht auch die Notwendigkeit zur Zugehörigkeit zu nur einem Geschlecht und damit der Übernahme geschlechtsspezifischer Eigenschaften.

Die Entwicklungsmerkmale der männliche Geschlechtsidentität unterscheiden sich von denen der weiblichen. Der Knabe macht spätestens im zweiten Lebensjahr die zentrale Erfahrung, dass er nicht das gleiche Geschlecht wie die Mutter hat. Seine Entwicklung ist deshalb gekennzeichnet durch Unterscheidung, Trennung und ein Streben nach Autonomie und Leistung. Im Verlauf der geschlechtsspezifischen Entwicklung erfolgt, nach der anfänglichen Identifikation mit der Mutter, ein Prozess der Desidentifikation, der ihn aus dem fusionären Paradies vertreibt. Gelingt der Aufbau einer Beziehung zum Dritten, dem Vater, und die Identifikation mit ihm, nicht, so ist der Knabe bedroht, entweder in der fusionären Beziehung zur Mutter zu bleiben oder dem regressiven Sog dorthin zu erliegen. Die präödipale Beziehung zur Mutter enthält somit eine potenzielle Bedrohung für die Geschlechtsidentität des Knaben. Die gesuchte Beziehung zum Vater aber umfasst, auf einem etwas höheren, ödipalen Entwicklungsniveau, gleichzeitig auch die Bedrohung durch Kastration. In der Adoleszenz gibt es eine Reaktualisierung des präödipal-ödipalen Dilemmas und einerseits den Kampf gegen das regressive Absacken in die Beziehung zur frühen Mutter, andererseits das Vorbeimanövrieren am kastrierenden Vater, um über eine verstärkte narzisstische Besetzung schliesslich neue Beziehungen zu Gleichaltrigen zu besetzen.

Das Mädchen erlebt in der frühen Kindheit Gleichheit mit der Mutter und damit Nicht-Trennung. Seine präödipale Beziehung zur Mutter bedroht nicht seine Geschlechtsidentität, hingegen seine Autonomieentwicklung, nämlich seine Anstrengung, eine eigene, von der mütterlichen getrennte Körper- und Selbstrepräsentanz auszubilden. Es muss Gleichheit suchen, sich mit der Weiblichkeit der Mutter identifizieren und gleichzeitig eine eigene, von der Mutter getrennte weibliche Identität aufbauen. Es ist somit in der Entwicklung seiner allgemeinen Weiblichkeit durch die präödipale Bindung an die Mutter nicht unmittelbar bedroht, hingegen in der Entwicklung einer autonomen eigenständigen Weiblichkeit. Auf der ödipalen Ebene macht das Mädchen dann einen Objektwechsel durch, da es sich nun – in Identifikation mit der Mutter – dem Vater als Liebesobjekt zuwendet, dabei allerdings in seiner ambivalenten Beziehung zur Mutter etwas verhaftet bleibt. Adoleszentär und postadoleszentär wird diese schwierige Aufgabe der gleichzeitigen Identifikation und Loslösung bei paralleler Zuwendung zum männlichen Geschlecht, mit allen ihren Schwierigkeiten im Laufe des Lebens, durch die körperlichen Prozesse der Menstruation, der Schwangerschaft, der Geburt und der Menopause stets von neuem reaktualisiert.

Die entsprechenden Übertragungsformen sind somit einerseits davon abhängig, welche Gender-Repräsentanzen das Kind sich in seiner Umgebung erworben hat und damit als Teil seiner Struktur in sich trägt, welche bedürfnisabhängigen, altersspezifischen und soziokulturell bedingten Veränderungen diese Beziehungsrepräsentanzen erfahren haben, wie sich deren Umsetzung im Kontext zu der analysierenden Person gestalten kann und wie die jeweiligen gender-bezogenen Beziehungsaspekte von der analysierenden Person gelesen werden. Andererseits wird die Art des Übertragungs-Reenactments des Kindes oder Jugendlichen (und damit auch dessen gender-bezogenen Anteile) davon abhängig sein, auf welchen Verständnisboden sie fallen, welche Bedeutungen vorrangig gehört und in die Interventionen und Deutungen einbezogen werden.

Werden von der analysierenden Person das ›Material‹ und somit die Beziehungs- bzw. Übertragungsbewegungen vorwiegend unter dem Aspekt sehr früher interaktiver Abläufe verstanden, so werden die gender-spezifischen Aspekte weniger bedeutungsvoll sein, da es sich in erster Linie um übertragene Ich- und Selbstanteile aus frühesten Abhängigkeitsbeziehungen handeln wird (z. B. unreif-retardierte, autonomiebeeinträchtigte, instabil-fluktuierende oder fraktionierte Ich-Funktionsformen sowie frühe Beziehungsarten wie Verdoppelungen und Spiegel- oder Selbstobjektübertragungen). In solchen Situationen werden also vielmehr die Anteile der eigenen Übertragung der analysierenden Person genau reflektiert werden müssen.

Man könnte annehmen, dass solche Beziehungsformen entweder monadischen oder höchstens dyadischen Charakter hätten. Ich möchte aber vorschlagen, sie in jedem Falle unter triadischem Aspekt zu verstehen. Das heisst, dass nicht nur zumeist ›ein Drittes‹ noch daneben existiert, sondern – gerade bei Aufspaltungen – auch eine personifizierte ›dritte Figur‹, und sei diese gegebenenfalls auch nur der ›fehlende Dritte‹. Ausgehend von dieser triadischen Prämisse, kommt man nicht umhin, auch die Beziehungen zwischen diesen drei und mehr Beziehungselementen in ihren Bedeutungen zu beschreiben. Dies ist gerade für frühe Beziehungsformen ausserordentlich schwer, will man nicht in die kruden Metaphern bestimmter kleinianischer Formulierungen fallen. Es geht bei diesen komplexen Interrelationen kaum um gender-spezifische Unterschiede, sondern vielmehr um ungleiche Beziehungserfahrungen mit unterschiedlichen Beziehungspartnern.

Ist einmal eine kognitive und dann auch eine emotionale Objektpermanenz erreicht, was gegen Ende des ersten Lebensjahres der Fall sein sollte, hat sich die Sprache in der zweiten Hälfte des zweiten Lebensjahres entwickelt und sind in dieser Zeit auch die anatomischen Geschlechtsunterschiede wahrgenommen worden, so erhalten die imitatorisch und später identifikatorisch übernommenen Gender-Qualitäten für das Kleinkind zunehmend Bedeutung, da sie sich nun auch verstärkt mit heftigen affektiven Impulsen verbinden. Präödipale, zum Teil auch regressiv-dyadische, und danach ödipal-triadische Konfigurationen und Beziehungsprobleme haben eine organisierende Wirkung auf die Beziehungsrepräsentanzen und damit auf den gesamten psychischen Apparat. Diese Beziehungsformen, mitsamt ihren Gender-Anteilen, treten übertragungsmässig auch beim Kindergarten- und Schulkind oft deutlich in Erscheinung. Sie haben für eine therapeutische Person vielfach eine nicht geringe Verführungs- und affektive Ansteckungsqualität, die nicht nur wahrgenommen, sondern auch in die Deutung einfliessen sollte. Diese kann für therapeutische Personen sowohl gleichen Geschlechts als auch gegengeschlechtlicher Art zu eigenen Übertragungen innerhalb des eigenen Gender-Konstrukts Anlass geben und verlangt anhaltende eigene Analysearbeit des Therapeuten. Knaben können ihre gegengeschlechtlichen libidinösen Besetzungen in der ödipalen Phase behalten und brauchen sie später, in der Adoleszenz, nur auf eine gleichaltrige Person zu verschieben. Mädchen hingegen machen präödipal einen Objektwechsel (von der Mutter zum Vater) durch, was sie zu früherer Ablösungsarbeit vom Primär-Objekt Mutter nötigt, später die Identifikation mit ihr aber eventuell auch erleichtert.

In der Adoleszenz können auf gleich- und gegengeschlechtlicher Ebene, auf Grund der eindeutigen biologischen Veränderungen und der oft ausserordentlich heftigen Gefühlsbewegungen von Seiten der Adoleszenten, die vielfach auch ein nicht minder heftiges Echo bei den Therapeuten auslösen, scheinbar gender-spezifische Übertragungen zu Stande kommen. Dort besteht für die Patienten, besonders bei deprivierten Menschen mit grossem affektivem Hunger, aber auch für die Therapeuten, die partiell ein Realobjekt und partiell ein Übertragungsobjekt sind, in noch viel stärkerem Ausmass als früher die Notwendigkeit, eine immer wieder zu retablierende, therapeutische Ich-Spaltung vorzunehmen.

Wann und in welcher Form gender-spezifische Anteile in den therapeutischen Prozess einfliessen, scheint somit weniger bedeutungsvoll, als wie diese von infantilen Vorurteilen sowohl des Therapeuten als auch des Patienten befreit und zu einem lebendigen Teil der weiteren seelischen Entwicklung des Patienten gemacht werden können. Die Frage heisst also nicht so sehr: »Gibt es Geschlechtsspezifitäten in der Übertragung?«, als vielmehr: »Wie schwer fällt es dem Therapeuten, die ihm in der Übertragung zugewiesenen Positionen gleich- und gegengeschlechtlicher Natur zu erkennen, zu akzeptieren, zu reflektieren und das Ergebnis in seine Interventionen einfliessen zu lassen?« Je klarer einerseits und je elastischer und flexibler andererseits seine eigene Geschlechtsidentität ist, desto eher wird er im psychoanalytisch-psychotherapeutischen Prozess, hinter den kultur- und geschlechtstypischen Übertragungsanteilen, die personenspezifischen Bereiche der Übertragungsbewegungen seiner Patienten erkennen und aufnehmen können.

Literatur

Arfouilloux, J. C. (1987): L'originaire du transfert, de la répétition à l'anticipation. In: Journal de la psychanalyse de l'enfant, Nr. 4, Bayard Ed., Paris.

Aube, J., Fleury, J., Smetana, J. (2000): Changes in womens' roles: Impact on and social policy implications for the mental health of women and children. Development and Psychopathology 12, 633–656.

Bürgin, D. (1998a): Triangulierung. Der Übergang zur Elternschaft. Schattauer, Stuttgart.

Bürgin, D. (1998b): Einleitung. In: Koukkou, M., Leuzinger-Bohleber, M., Mertens, W. (Hrsg.): Erinnerung von Wirklichkeiten. Psychoanalyse und Neurowissenschaften im Dialog, Bd. I, Internationale Psychoanalyse, Stuttgart.

Bürgin, D. (1998c): Einleitung. In: Leuzinger-Bohleber, M., Mertens, W., Koukkou, M., (Hrsg.): Erinnerung von Wirklichkeiten. Psychoanalyse und Neurowissenschaften im Dialog, Bd. II, Internationale Psychoanalyse, Stuttgart.

Decobert, S. (1987): Le transfert chez l'enfant phobique. In: Journal de la psychanalyse de l'enfant, Nr. 4, Bayard Ed., Paris.

Ferrari, P. (1987): Le transfert lors de la psychothérapie d'enfants présentant une problématique abandonnique. In: Journal de la psychanalyse de l'enfant, Nr. 4, Bayard Ed., Paris.

Herold, R., Weiß, H. (2000): Übertragung. In: Mertens, W., Waldvogel, B. (Hrsg.): Handbuch psychoanalytischer Grundbegrife. Kohlhammer, Stuttgart.

Houzel, D. (1987): Editorial. In: Journal de la psychanalyse de l'enfant, Nr. 4, Bayard Ed., Paris.

Klitzing, K., Simoni, H., Bürgin, D. (1999): Child development and early triadic relationship. Int. J. Psychoanal. 80, 71–89.

Maccoby, E. E. (2000): Perspectives on gender development. Int. J. Behavioural Development, 24 (4), 398–406.

Moury, R. (1987): Transfert et période de latence. Le contre-transfert en question. In: Journal de la psychanalyse de l'enfant, Nr. 4, Bayard Ed., Paris.

Ogden, Th. H. (1995): Psychotherapie. Springer Wien.

Segal, H., O'Shaugnessy, E. (1987): Le transfert en psychanalyse d'enfants. In: Journal de la psychanalyse de l'enfant, Nr. 4, Bayard Ed., Paris.

Anschrift des Autors:
Prof. Dr. med. D. Bürgin,
Kinder- und Jugendpsychiatrische Universitätsklinik und Poliklinik,
Schaffhauserrheinweg 55, CH-4058 Basel,
Tel.: (0041) 61 685 21 21, Fax: (0041) 61 685 21 68,
E-Mail: dieter.buergin@unibas.ch

Tagungsprogramm
Samstag, 1. September 2001 – Helferei Grossmünster, Zürich

09.15 Uhr   Kaffee

09.45 Uhr   Begrüssung

09.50 Uhr   Einführende Referate
Markus Fischer, Winterthur
Das Geschlechtervorurteil: Geheimes Thema in Partnerschaft und therapeutischen Beziehungen.

und Repliken
Christiane Geiser, Wil

Katrin Wiederkehr, Zürich
Geschlechtsspezifischer Umgang mit Macht in der Psychotherapie.

Brigitte Spillmann-Jenny, Zürich

10.55 Uhr   Pause

11.10 Uhr   *Maria Teresa Diez Grieser*, Zürich
Die Bedeutung des Geschlechts der Therapeutin/des Therapeuten in Kinder- und Jugendlichenpsychotherapien.

Nitza Katz-Bernstein, Dortmund

11.40 Uhr   Diskussion im Plenum / Moderation: *Dieter Bongers*, Niederdorf

12.30 Uhr   Mittagspause / Mittagessen im Zunfthaus »Zum grünen Glas«.

14.15 Uhr   Berichte aus der Forschung
Gerd Rudolf, Heidelberg: Gibt es nachweisbare Einflüsse der Geschlechtszugehörigkeit in der Psychotherapie?

Dieter Bürgin, Basel: Übertragung und Geschlechtsspezifität im psychotherapeutischen Prozess mit Kindern und Jugendlichen.

15.15 Uhr   Diskussion im Plenum / Moderation: *Nitza Katz-Bernstein*, Dortmund

16.00 Uhr   Pause

16.15 Uhr   Workshops:
- Nr. 1: *Hilarion G. Petzold*, Amsterdam: Genderspezifische Therapie mit alten Menschen. Was können wir von den Feministinnen lernen?
- Nr. 2: *Erika Schmid-Hauser*, Hedingen, und MitdenkerInnen der »Study Group« am PSZ: Kindertherapie und begleitende Elternarbeit. Szenisches Verstehen des Wunsches nach einer Therapeutin bzw. einem Therapeuten.
- Nr. 3: *Catherine de Dardel* und *Michèle Rodé*. Der französischsprachige Workshop kann nicht durchgeführt werden mangels Anmeldungen.
- Nr. 4: *Barbara Saegesser*, Basel: Geschlechtsspezifische Färbungen des Denkens im psychotherapeutischen Prozess.
- Nr. 5: *Margrit Koemeda-Lutz*, Ermatingen: Körperpsychotherapeutische Aspekte zum Tagungsthema.

Ca. 17.30 Uhr   Ende der Tagung.

Autorinnen und Autoren

Markus Fischer, Dr. med., Ausbildner und Supervisor am Institut für Integrative Körperpsychotherapie IBP.

Katrin Wiederkehr, Dr. phil., Psychologie und Religionswissenschaft, Ausbildnerin für Gesprächspsychotherapie.

Maria Teresa Diez Grieser, Dr. phil., Psychologin, Psychoanalytikerin für Kinder, Jugendliche und Erwachsene (PSZ).

Christiane Geiser, lic. phil., Germanistin, Ausbildnerin in Klientenzentrierter Körperpsychotherapie, Leiterin und Mitbegründerin des Ausbildungsinstitutes GFK in Wil/Zürich.

Brigitte Spillmann-Jenny, Dr. phil., Geschichte und Deutsche Literatur. Präsidentin des Curatoriums und Lehranalytikerin des C. G. Jung-Instituts Zürich.

Nitza Katz-Bernstein, Prof. Dr. phil., Universität Dortmund, Fakultät Rehabilitationswissenschaften, Lehrtherapeutin am FPI, Supervisorin.

Gerd Rudolf, Prof. Dr. med., Ärztlicher Direktor der Psychosomatischen Universitätsklinik Heidelberg, Facharzt für Psychotherapeutische Medizin, Psychoanalytiker.

Dieter Bürgin, Prof. Dr. med., Chefarzt der Kinder- und Jugendpsychiatrischen Universitätsklinik und Poliklinik Basel (KJUP). Lehranalytiker der SGPsa.